上海地情普及系列·《上海滩》丛书

城市之根

上海老城厢忆往

上海通志馆
《上海滩》杂志编辑部 编

上海大学出版社

图书在版编目(CIP)数据

城市之根：上海老城厢忆往 / 上海通志馆，《上海滩》杂志编辑部编 . —上海：上海大学出版社，2019.8
（上海地情普及系列 .《上海滩》丛书）
ISBN 978-7-5671-3642-7

Ⅰ . ①城… Ⅱ . ①上… ②上… Ⅲ . ①上海－地方史 Ⅳ . ① K295.1

中国版本图书馆 CIP 数据核字（2019）第 144638 号

责任编辑　陈　强
装帧设计　缪炎栩
技术编辑　金　鑫　钱宇坤

城 市 之 根
——上海老城厢忆往

上海通志馆
《上海滩》杂志编辑部　编

上海大学出版社出版发行
（上海市上大路99号　邮政编码200444）
（http://www.shupress.cn　发行热线021-66135112）
出版人　戴骏豪

*

南京展望文化发展有限公司排版
上海华教印务有限公司印刷　各地新华书店经销
开本710mm×960mm　1/16　印张14　字数199千
2019年8月第1版　2019年8月第1次印刷
ISBN 978-7-5671-3642-7/K・200　定价　38.00元

《上海滩》丛书前言

去年,我们编辑出版了一套四册《上海滩》丛书,受到了读者的欢迎。今年,我们将继续编辑出版新的一套四册《上海滩》丛书,以满足读者的需求。今年新出的四本书分别是《五月黎明——纪念上海解放70周年》《丰碑无名——上海隐蔽战线斗争故事》《城市之根——上海老城厢忆往》《海派之源——江南文化在上海》。

20世纪的前50年,在中国发生了四件大事:一是1911年辛亥革命爆发,推翻了腐朽的封建王朝。二是1919年爆发了五四运动,使中国革命由旧民主主义革命转变为新民主主义革命,促进了新文化运动的深入发展及马克思主义同中国工人运动相结合,为中国共产党的成立作了思想上和干部上的准备。三是1921年中国共产党成立。从此,中国人民在中国共产党的坚强领导下,经过土地革命、抗日战争和解放战争夺取了全国革命胜利。第四件大事就是1949年10月1日中华人民共和国成立。中国人民从此站起来了!而在此数月前的5月27日,上海获得解放。而这距今已整整70年。

当时的上海不仅是中国最大的现代化城市,而且也是名列世界前茅的国际大都市。上海,对新生的人民政权恢复和发展国民经济有着非常重要的意义。因此,如何使上海尽量少受战火的破坏,党中央早有谋划。我们在《五月黎明——纪念上海解放70周年》一书中,收录了当年上海军管会财经战线领导、著名经济学家许涤新撰写的文章,回忆当年毛泽东、周恩来等中央领导作出的有关"不要让国民党在上海搞焦土政策,尽可能完好地保存这座全国最大的工业城市"的重要指示但同时强调要有思想准备,"一面要准备最艰难的处境,一面要争取良好的局面"。之后,在解放上海和接管上海的斗争中，我军指战员坚决贯彻执行党中央的指示，宁愿多流血牺牲也不使用重武器；上海地下党组织广大党员群众，密切配合解放军，带路，送情报，同时开展护厂斗争，打击敌特破坏活动，维持社会治安，使上海顺利获得解放。多年来，我们《上海滩》杂志非常重视组织发表有关上海解放和接管上海的文章，这次我们精选了其中部分文章，颇具史料价值，尤其是一些亲历者的回忆更加弥足珍贵。

在长期的革命斗争中，中国共产党不仅领导了艰苦卓绝的武装斗争，而且还领导了隐蔽战线这一特殊的斗争。我们党有一大批信仰坚定、对党忠诚、英勇机智、不怕牺牲的同志，奉党之命，隐姓埋名，有的还背负骂名，忍辱负重，长期潜伏在上海及其他地区的敌人营垒中，冒着随时被捕和牺牲的危险，传递出数不清的重要情报，为抗击凶残的日本侵略者，为推翻腐朽的蒋家王朝作出了巨大贡献。

我们非常敬仰这些无名英雄！由此我们在《上海滩》创刊之初，就非常注意收集发表这类文章，记录这些无名英雄的非凡事迹。他们极富传奇色彩的战斗故事，吸引了大批读者，在庆祝中华人民共和国成立70周年暨纪念上海解放70周年之际，我们从《上海滩》杂志中，遴选了30余篇讲述这些无名英雄传奇故事的精彩文章，编成《丰碑无名——上海隐蔽战线斗争故事》一书，献给广大读者，同时表达我们对这些无名英雄的敬仰之情。

上海解放70年来，受到了党和国家许多领导人的关心，毛泽东同志经常到上海视察并召开重要会议；邓小平同志曾经连续七年在上海过春节，对上海改革开放作了一系列重要指示，给上海广大干部群众以巨大鼓舞；习近平总书记不仅在上海担任过领导工作，还于2018年11月专门在上海考察，对上海工作作出了重要指示，提出了新的要求，而且还专门询问了上海老城厢的近况，并对旧区改造提出明确要求。不久，中共上海市委书记李强在实地调研老城厢时指出："旧区改造事关民生改善、事关城市安全，必须高度重视。"上海市政协则组成了以主席董云虎、副主席赵雯为正副组长的课题组，人口资源环境建设委员会牵头协调，汇聚各方力量，攻坚克难，以尽快为老城厢待改造旧区的数万居民改善生活条件、解决拎马桶问题。于是,"上海老城厢"成为沪上干部群众关心的一个热门话题。

据上海地方志记载:上海老城厢是一座千年古城。它由今天的人民路、中华路合围而成。早在唐代,这里就出现了上海早期居民群落,北宋天圣元年(1023)前设征收酒税的机构——上海务,北宋熙宁七年(1074)设上海镇,元至元二十八年(1291)设上海县。历经宋、元、明、清诸朝,老城厢已经成为上海政治、经济、文化中心。尽管到了民国时期,老城厢已不再是上海的中心,但它作为上海城市之根的地位不会改变。尤其是老城厢留下的独特的文化遗产异常珍贵,极富研究价值。它就像一座中国城市发展活的历史博物馆。了解上海,不能不了解老城厢;研究上海,也不能不研究老城厢。《上海滩》创刊30多年来非常重视组织编发有关上海老城厢的文章,从上海设县筑城,到百业发展;从原先有"东方威尼斯"之称的城内水网纵横、舟楫交通,到填河筑路、运输通畅;从办学育人,到名家辈出……各类文章竟有百十余篇之多。此次,我们从中遴选出30篇左右,编成《城市之根——上海老城厢忆往》一书,以飨广大读者。

前面在说到上海老城厢的文化价值时,我们自然会想到,老城厢还是江南文化的滋生地,是江南文化的重要组成部分,因此也是研究江南文化的重要基础。

江南文化与红色文化、海派文化一样,是上海文化的重要组成部分。江南文化在上海城市文化发展中起着非常重要的作用。

《上海滩》杂志组织刊发有关江南文化方面的文章,是题中应有之义,是我们应当承担的责任。因此创刊以来,《上海滩》组织刊发了数百篇有关江南文化内容的稿件,内容涉及历史地理、人文教育、文学艺术、非遗文化、古镇园林以及衣食住行等各方面。这次我们特地从《上海滩》杂志中遴选了数十篇有关江南文化的文章,分门别类,编成《海派之源——江南文化在上海》一书,奉献给广大读者。

在此,我们要感谢上海大学出版社的领导和编辑同志,去年在他们的大力支持下,我们编辑出版的《上海滩》丛书,得到了广大读者的喜爱。我们希望今年新编的这套《上海滩》丛书,也能受到广大读者的喜爱。

上海市地方志编纂委员会办公室副主任

王依群　上海市地方史志学会会长

《上海滩》杂志主编

目录

1/ 老城厢——上海城市之根

10/ 上海：沧海桑田七百年

15/ 迎来七百大寿的上海城

18/ 东方威尼斯：上海老城厢

25/ 夏原吉开拓黄浦江

28/ 上海城的创造者——方廉

30/ 徐光启的几个"第一"

39/ 冈察洛夫旅沪见闻

45/ 我这个"老上海"

53/ 漫说小校场年画

57/ 老城厢消逝的行当

61/ 四牌楼的"申泰行头店"

65/ 吉安茶楼琐忆

71/ 黄知县创办电灯厂

75/ 新衙巷：上海"第一街"

81/ 爱因斯坦与上海弹街路

83/ "绝版"古街：乔家路

88/ 寻访老"沪上八景"

97/ 潘允端奉亲建豫园

106/ 九曲桥逸事

111/ 火神降临城隍庙

115/ 漫话上海文庙

118/ 文庙尊经阁的变迁

121/ 老城厢里的也是园

126/ 母亲记忆中的"四牌楼"

128/ 上海旧城的两座黄道婆祠

130/ 上海的古城门

132/ 上海的古建筑书隐楼

134/ 当年我逛老城厢

140/ 老城隍庙风味小吃

143/ 老城隍庙五香豆

147/ 三名三高德兴馆

155/ 名菜名人老饭店

160/ 梅溪：中国人创办的第一所新式学校

167/ 面向贫民子弟的万竹小学

175/ 上海中学世纪沧桑

184/ 百年"南洋"多才俊

193/ 务本女中一百年

203/ "大同"风雨九十年

211/ 后记

老城厢
——上海城市之根

上海市政协"上海老城厢历史风貌保护与
旧区改造对策研究"课题综合组办公室

在中国历史上,"城厢"是一个独特的地理区域概念。中国城市基本上都有城墙,城墙以内叫做"城",城外人口稠密、有一定经济活动的区域称为"厢",所以"城厢"一词指城内和城外比较繁华的地区。

上海老城厢涵盖的地理范围,开埠前包括城内及十六铺,而开埠以后,随着租界的开辟、闸北的兴起,"城厢"指整个上海县所属的范围,包括城内、南市、新闸、老闸、江境庙等地。根据《上海市中心城历史文化风貌保护区范围划示》确定,上海市老城厢历史文化风貌保护区为黄浦行政区的人民路—中华路以内区域,总用地面积为199.72公顷。

1291年上海设县,县城就在今老城厢地区。可以说,上海老城厢是上海现代城市生长发育的根脉,是上海的起点与基石。700多年来,它经历了几次重要的历史变迁。

开埠前　老城厢的兴盛期

上海老城厢在南北朝(420—589)成陆。唐宋时期海岸线继续东移,华亭县(今松江)东北地区经济活动渐趋频繁,北宋初年形成上海早期居民村落。大约在天圣元年(1023)设立"上海务"。南宋末年吴淞江上游淤塞严重,海船无法循江抵达青龙镇,便改泊今上海十六铺一带。景定五年(1264),原设青龙镇的市舶司迁上海,设近浦滩处,从此这里成了主要的海上贸易专卖场,故又称"榷场"。

由于海运业和商品贸易的发展,上海在南宋咸淳年间成为"海舶辐辖""蕃商云集"的港口城镇。明代弘治《上海志》中记载：南宋时上海已"有市舶，有榷场，有酒库，有军隘、官署、儒塾、佛仙宫观、市廛、贾肆，鳞次而栉比"，颇具市镇规模。元代上海市舶司位于阜民桥北。此时上海地区"领户六万四千有奇，岁计粮十有二万石，酒税课税中钞一千九百余锭"，成为"华亭东北一巨镇"。至元二十八年（1291）七月己未，元世祖忽必烈批准将上海的建置由"镇"升格为"县"。为防备汉人反抗，便于蒙古骑兵统治，元代曾尽毁天下城垣。因此，终元一代，260余年上海未筑城墙。

明朝开国后，中国绝大多数府、州、县都按汉族以往习惯重新筑城，而上海却迟迟没有筑城。据同治《上海县志》记载，是因为"地方之人半是海洋贸易之辈，武艺素所通习，海寇不敢轻犯"，遂觉"虽未设城，自无他患"。但到了明嘉靖年间，大批倭寇入侵骚扰中国沿海，上海在嘉靖三十二年（1553）仅上半年就被倭寇烧杀劫掠达五次之多，人口玉帛损失无数。"是年六月贼去，乃议筑城防守。"张鹗翼《守城记》云："遂即在十月兴工，

上海老城厢街道（清代）

十二月完成。"城墙三个月筑成,可见情势之急。

开埠前的上海老城厢有以下几个特点:第一,街巷逐渐增多,反映了这一时期人口聚集、商业繁荣的状况。据明弘历《上海县志》记载,当时只有新衙巷、新路巷、薛巷、康衢巷、梅家巷5条街巷,到了清康熙《上海县志》记载的街巷已达到25条之多,到嘉庆二十一年(1816),上海县城已有包括黄家弄、俞家弄在内的63条街巷。第二,繁忙的水上运输、贸易将上海与南北沿海各港口、长江沿岸各城市以及周边地区联系起来,初步凸显上海在地理位置上的优势。第三,上海及所在的江南地区棉花种植和棉纺织业的繁荣,带动了城市的商业繁荣。上海县出产的棉布走俏国内外,19世纪初曾销售到英国、美国市场。第四,会馆、书院、私家园林、殿宇建筑大量涌现。清代出现商船会馆、三山会馆、四明公所等会馆公所组织,成为老城厢一大特色。宋末设置镇学,元初改为县学,明清时期,上海创办了不少制度完备的书院。此外,老城厢地区荟萃了豫园、城隍庙、文庙、书隐楼、沉香阁等

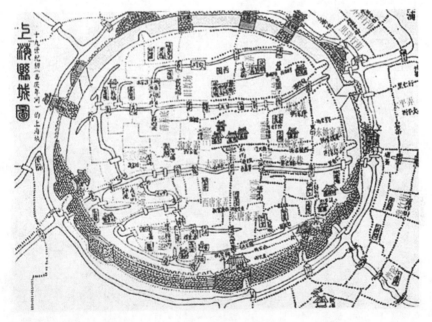

清嘉庆年间老城厢地图

众多名胜古迹。

开埠后 老城厢的衰落期

租界的开辟,使上海这座城市内部逐渐出现两个相对独立的区域——租界城区和华界城区。租界城区的迅猛发展和繁荣,逐渐取代原来的城市区域,成为整个上海的标志、象征。随着19世纪70年代初租界体制的最终形成,以及太平天国运动、小刀会起义对老城厢的巨大破坏,老城厢的社会、经济、文化中心的地位被削弱,逐渐成为租界的附庸。

一是传统工业的衰落。曾经称霸一时、承担老城厢经济龙头的沙船业,由于轮船业的兴起而逐渐衰落。棉纺织等产业由于租界地区大量工厂的兴办,也逐步退出老城厢。此前遍布的钱庄、商铺逐渐向经济日趋发达的租界地区转移,老城厢传统的商贸中心地位受到极大冲击。

上海道台在城中校场点兵操练

清末老城厢内小贩营生

二是市政管理的落后。老城厢既没有公共照明、自来水和正式的消防、保洁机构，也没有规范的城市建设和治理方案，很多事务依旧的是约定俗成，无组织、无体系。

三是环境的逐步恶化。密布的河汊逐渐干涸，曾经舟桥相衬的泽国面貌逐渐消逝，原来的水系已经无法行船，取而代之的是随处倾倒的生活垃圾和废水，垃圾遍地，污水横流。

民国初年　老城厢的拓展期

租界地区的繁华，也推动了华界的老城厢发展。民国建立前后，闸北华界自治发展开始新探索，士绅集体上书要求拆除城墙。辛亥革命后，上海老城厢开始逐步拓路拆城、填浜筑路，学习租界地区先进的城市治理机制，引进先进的生产制度技术和人才。

一是拓路拆墙。商业的兴盛，城墙变成交通的障碍，且因军事上已普

重建于1815年的大境阁

遍使用枪炮等热兵器，城墙的屏障作用已基本丧失。而城门低隘，经常壅塞，车马既不能行，行旅又不方便。在晚清自治运动的推动下，1912年1月14日，上海市政厅设立城壕事务所负责拆城事宜。1913年6月北半圈筑成马路，名"民国路"（1949年上海解放后改称"人民路"）；翌年冬，南半圈筑成马路，名"中华路"。在小北门大境路口，有一座大境关帝庙，原有一半造在城楼上，拆城墙时没有拆庙，因而下面的一段城墙得以保留下来。1914年，老城厢的拆城筑路工程全部结束。

二是通电建水厂。1917年，南市电灯厂的电灯点亮在上海老城厢内的大街小巷，使得老城厢告别了煤油灯时代。自来水厂的建成，使得老城厢地区的居民在1920年后逐渐开始使用自来水。警钟楼的建设，救火联合会的成立，使老城厢的消防工作进一步纳入现代城市治理体系。上海公共体育场的建成，为市民提供了大型公共空间，市民生活更加丰富。

三是改善环境卫生。1910年，老城厢正式设立清洁所，并且对清洁人员、清洁时间做了严格的规定。而拆城拓路、填浜筑路之后，老城厢的路网逐渐系统化，路面环境卫生也得到了极大的改善。

另外，慈善事业得以发展。开埠前老城厢地区经济较为繁荣，善堂林立，各项慈善事业已经萌生。1912年3月，出于统一推进慈善事业的考虑，同仁辅元堂与育婴堂、普育堂、清节堂等其他慈善机构联合组成了上海慈善团。

新中国成立后　老城厢的复兴期

新中国成立之初，上海老城厢的小商品贸易因计划经济体制的影响，发展受到束缚。再加上大量农村人口移民上海和上海本身人口的自然增长，导致这一时期老城厢内人口密度急剧升高。居住条件差、充满消防隐患的棚户简屋连绵成片，居民生活水平低。在"大跃进"期间，因提倡"先生产，后生活"，上海这一时期的发展方向主要集中在生产领域，工业生产跃居前列，而基础设施如住房、交通、道路等却并未改善。老城厢依旧是昔日拥挤的弄堂和一些小型手工业在艰难地维持生存，老百姓期待老城厢的复兴。

1978年改革开放以后，老城厢的街区面貌、经济结构、社会生活方式发生了较大变化。尤其是20世纪90年代，社会主义市场经济体制的建立，上海老城厢全面崛起。豫园、城隍庙等重要历史风貌区得到改建，带动了老城厢旅游业的发展，促进了老城厢地区的经济繁荣。老城厢的历史文化价值逐步显现并受到重视，历史文化的挖掘整理、历史建筑的保护修缮等都有很大进展。同时，在土地批租开始之后，房地产业兴起，本土居民无论是购买商品房，还是动迁安置到其他新建房屋，都实质性地改善了老城厢的环境面貌，促进了市政基础设施的完善，棚户区大量减少，绿化、道路、设施明显改观，人口密度逐渐降低。

2010年上海世博会推动了老城厢的街区改造与更新。为了迎接上海世博会召开，在保持老城厢基本建筑风貌和格局基础上，上海摸查所有街道和弄堂，拆除违章建筑，改造部分住房的水管、电路，修缮大多数历史建筑。

十九大以来　老城厢的机遇期

　　老城厢的演变史，是上海这座城市的发展史，也是中国社会发展的一个缩影。历代政府都重视老城厢建设，但受城建理念、经济基础等制约，老城厢建设还难以尽如人意。当下老城厢发展仍面临诸多矛盾。一是文化坚守与经济发展之间的矛盾。老城厢由2002年前的拆旧建新为一时风尚，到2002年被定为历史文化风貌区，以至近年来"拆改留"到"留改拆"的转变，强化风貌保护的文化价值与经济开发发展之间如何协调确实也成为一个"难题"。二是高昂的动迁成本和窘迫的生存条件之间的矛盾。老城厢地区多为积存了上百年的老建筑，消防隐患高，居住条件比较差，是更新改造的重点地区。但该地区人口密集，住宅密度高，动迁成本高，也是个十分现实的矛盾。三是旧区改造牵一发而动全身。若不能处理好各个利益体之间的关系，将会导致各群体之间产生矛盾纠纷，甚至影响社会治安和稳定。

　　党的十九大强调始终把人民的利益放在第一位，要像爱惜自己的生命一样保护好历史文化遗产。这为老城厢建设指明了方向。2018年6月13日，上海市委书记李强实地调研老城厢时指出："旧区改造事关民生改善、事关城市安全，必须高度重视。"上海市政府出台《上海市城市总体规划（2017—2035年）》《关于坚持留改拆并举深化城市有机更新进一步改善市民群众居住条件的若干意见》，明确了老城厢保护与改造的总体目标和思路。

　　令人期待的是，目前上海市政协组成了以主席董云虎、副主席赵雯为正副组长的课题组，人口资源环境建设委员会牵头协调，汇聚各方力量，调集各种资源，攻坚克难，破解老城厢建设中的难题。赵雯说："市委交办的这个课题意义重大，责任重大。我们要树立历史风貌保护新理念，突破老城厢建设体制机制瓶颈，积极探索事权分工合理、责任主体落实、各方通力协作、社会积极参与的新模式，拿出'硬实招'，打出'组合拳'，尽快为老城厢待改造旧区的数万居民改善生活条件、解决拎马桶问题，让群众有实实在在的获得感。"

老城厢主要分布地的黄浦区副区长洪继梁告诉我们：老城厢将打造提升为一个商业、文化、办公、居住等多业态混合，实现外滩金融集聚带与新天地商务区联动发展，承载上海过去、今天和未来发展的综合功能区域。

老城厢迎来了新的发展机遇。

（本文由杨杨整理）

上海：沧海桑田七百年

褚绍唐

一千多年前，如今的上海只有东部地区有一些海滩边的渔村。今天，上海已是全国最大的城市和世界上少数特大城市之一。沧海桑田，上海怎样从荒僻的海滨渔村，发展成为一个现代化的大城市？下面的上海历史沿革地图，反映了上海历史变迁的轨迹。这是华东师范大学地理学专家褚绍唐先生专门绘就的。

——编者

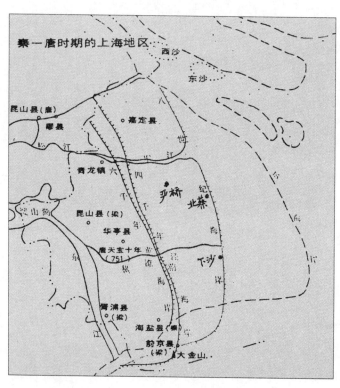

秦代至唐代的上海地区

上海地区至迟到唐代已出现渔村

今上海浦东严桥的考古发掘中,曾发现唐代的陶片,说明早在一千多年前上海浦东的严桥、北蔡、下沙一带已有一些渔村。

宋元时期上海建镇设县

南宋年间,松江日益淤浅,海上船只不易进出,多由上海浦至今十六铺一带上岸,逐渐形成商市,南宋咸淳年间(1267年前后)置上海镇,由市舶分司提举董楷兼领首任镇监,他以市舶司署(即后来的县署,位于今复兴

宋元时期的上海地区

东路光启路）为基点执行公务。当时上海镇面积为2.04平方公里，人口不足一千。以后商业日益发展，遂于元至元二十八年（1291）由元中央政府批准，由华亭县分出东北新江、海隅、北亭、高昌、长人五乡，置上海县，面积2 018平方公里，人口32万。县署于次年正式建立，首任县达鲁花赤（元代县级官衔）为蒙古族人雅哈雅。县署先设在旧榷场（今光启路附近），1298年迁到市舶司署旧舍。此时，华亭县已于至元十四年（1277）升府，次年改称松江府，此后旧松江便改称吴淞江。

外国殖民者在上海开辟租界

鸦片战争以后，上海被迫开放为通商口岸。英国殖民者首先在1845年划定南起洋泾浜（今延安东路）、北至北京路、西至河南路、东至黄浦滩为英人居住地。这是最早的英租界。1848年，英租界向西扩至西藏路，向北扩至苏州河。1849年，法国殖民者要求划定北起洋泾浜、南至城河、西至周家木桥（今西藏南路）、东迄黄浦江一带为法租界。1861年法租界又扩至十六铺。1863年，美国殖民者要求划定西起西藏北路、东至杨树浦、南起苏

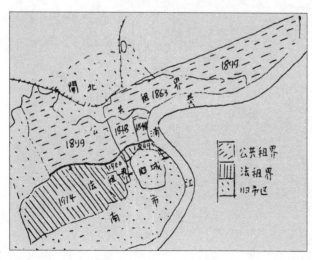

鸦片战争至抗战胜利期间的上海租界

州河、北至今北站为美租界。同年，英美两租界合并。1899年，合并后的租界称为国际公共租界，并进一步扩张至：东自杨树浦至周家嘴，西自泥城桥至静安寺。1914年法租界扩至徐家汇，范围较原有的法租界大二十倍。至1914年上海租界面积合计为32.82平方公里，为帝国主义在我国各城市中面积最大的租界。直至1945年抗战胜利，我国才正式收回主权。

1928年国民党政府设立上海特别市

1928年，国民党政府在上海设立特别市，首任市长为黄郛。1930年改为直辖市，辖吴淞、江湾、殷行、引翔、闸北、彭浦、真如、蒲淞、法华、沪南、漕泾、杨思、塘桥、洋泾、陆行、高行、高桥17个区，全市面积527.5平方公里（包括租界面积），人口246万。1933年上海县迁至北桥镇、辖八个区，七宝、杨行、莘庄、大场、周浦五乡为暂缓接收地区。

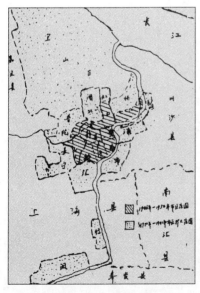

1950—1991年上海市区范围扩大图

1950—1991年上海市行政区范围扩大图

1950—1991年上海市区暨行政区范围的扩大

1945年抗战胜利。翌年,大场、七宝、莘庄三个区划归上海市,连同旧租界共划分为30个区,其中郊区为10个区,市区为20个区;全市面积618平方公里,其中市区面积仅有123.32平方公里,郊区为494.68平方公里。新中国成立以来,为了适应城市发展的需要,1958年先后将嘉定、宝山、上海、崇明、松江、奉贤、南汇、青浦、川沙、金山10个县划入上海市,总面积达6340.5平方公里,比建国初大十倍以上。1988年,将宝山县改为宝山区。至1990年,全市辖12个区、9个县,其中市区面积为748.7平方公里,比建国初大六倍多,郊县面积5592平方公里;1990年全市人口为1334万人,其中市区人口为821.4万人,郊县人口为512.6万人,成为全国最大的城市与世界上少数的特大城市之一。

迎来七百大寿的上海城

王继杰

当代上海是最近一百多年中逐渐发展起来的，怎么会有七百年的建城历史呢？

确实，在一千多年前，上海只是吴淞江下游的一个渔村，归华亭县管辖。可自唐至宋，经过几百年的逐渐发展，这儿成为一个繁荣的港口。南宋咸淳年间，政府在此设立上海镇。这是上海作为一级政权建置名称的开始，这时的上海镇已是华亭县东北的"巨镇"了。

到了元代至元二十八年（1291），中央政府正式批准将华亭县东北的五个乡划出，设立上海县，归松江府管辖。上海县的县衙门就设在上海镇上，相当于现在南市区小东门内的光启路一带。1991年，正好是上海建城700周年。"上海"这个名称是怎么来的？别看现在的吴淞江（苏州河）是黄浦江的支流，可是在北宋时代吴淞江的江面却相当宽阔，湍急的江水浩浩荡荡注入长江。相比之下，黄浦江那时要小得多，名不见经传。史载，吴淞江下游共有十八大浦，就是有十八条比较大的支流，其中一条就叫上海浦，早期的上海就是在上海浦岸边发展起来的。自然，到发展成上海县，其间有一段漫长的历史。

唐宋时代，喝酒之风盛行，酒税成了政府的一项重要税收，华亭县也不例外，官府设立的收取酒税的机关叫做"务"。由于水路交通便利，上海浦岸逐渐成为附近渔民、盐民和农民的一个集散地，来此喝酒的人也是不少。于是，至晚在北宋天圣年间，官府就在这里设立了"上海务"，收取酒税。这表明上海在那时已是一个村镇型的聚落，可以说是上海城市的起源。

不过，当时的上海务其规模还不能与位于吴淞江上游的青龙镇相比。

相传三国时，拥有强大水军的吴大帝孙权在此建造青龙大战舰，青龙镇因而得名。隋唐以来，青龙镇（位于今青浦区）一直是东南大港。由于海上贸易发达，北宋政权在青龙镇设立市舶务，以收取赋税。

靖康之难，宋室南迁，江南人口骤增，但青龙镇凭江临海的地理优势却在慢慢丧失。原来，自宋以来吴淞江下游泥沙淤积严重，本来通达无阻的水道变得湮淤不畅，同时海岸线逐渐东移，青龙镇离海口越来越远，海船进港越来越不便，到了南宋中期，青龙镇昔日的繁华景象就如同烟云，一去而不复返。

这时的海船都停泊到哪里去了呢？取代青龙镇地位的，一是长江口南岸的黄姚镇（现宝山区月浦镇一带），另一个便是在上海浦附近的上海务。黄姚镇后因长江潮水冲塌堤岸淹毁，于是上海务便一跃而成为这一带最大的港口。最晚在南宋景定至咸淳年间，政府在此设市舶分司。后来，上海地区民间长期流传着"先有青龙港，后有上海浦"的谚语。

上海在设立市舶分司后不久，便建镇了。因为上海镇主要是作为一个港口，所以镇监一职由市舶分司提举官兼任。

元统一中国后，十分重视海上贸易，至元十四年（1277），在上海、澉浦、庆元三处海港设立市舶司。同年，华亭县升为府，翌年改名松江府。这时上海镇开始成为一个新兴的具有重要地位的海港。元至元二十七年（1290），松江知府仆散翰文鉴于上海镇日益繁荣、户口众多，就上报元中央政府：把上海从华亭县划出，单独设县，直属松江府。第二年，即元至元二十八年（1291）元中央政府正式批准："分华亭之上海为县"。上海县的治所即设在原来的上海镇。

不过，直到元至元二十九年（1292）闰六月二十二日第一位官员郗主簿才到任办公，而第一任县尹周汝楫到任，已是建县三年以后即至元三十一年（1294）的事了。

上海经历了七百个春秋，终于发展成为闻名当代的国际大都会，并形成了自己独特的历史文化传统，被国务院命名为历史文化名城，确实当之无愧。七百年大寿是值得庆贺的，它将激励我们去创造无愧于前人的光辉业绩，建设更加光辉灿烂的新上海。

东方威尼斯：上海老城厢

顾延培

今日的上海市横跨黄浦江和苏州河两岸。市区高楼林立、车水马龙，一派平原城市的景象，其中尤以老城厢地区的平原城市特征更为显著，除明代豫园和上海文庙内有池塘、小溪外，其余地方皆为陆地。但在1843年上海开埠前的老城厢地区，却是河渠交错、街巷纵横的典型江南乡镇风光，交通主要由舟船承担，是"有舟无车的泽国"，也被誉为"东方威尼斯"。

翻开清嘉庆《上海县志》卷首，刊登了一张《古上海镇市舶司图》，从图中可看出北为吴淞江，东为范家浜，南接黄浦。镇内东西向的干浜有方浜、肇嘉浜、薛家浜。这三条浜的支流更是如蛛网一般，一派泽国风光。如果算上紧挨县城南面的陆家浜和县城北面的洋泾浜，也可称为五大干浜。

陆学士方浜上建学士桥

方浜之由来，是因其一支名侯家浜流经中香花桥北，北折而东，过北香花桥、安仁桥，至福佑桥而形成一个方块，故名。这条方浜上以学士桥最有名。此桥由明弘治十八年（1505）进士、官至太常卿兼侍读学士的上海人、居第在东门内方浜南岸"学士府"的陆深，于嘉靖二十一年（1542）捐银400两、米千石所建。因栏上刻祥云图，故称"万云桥"；又因他任职国子监，所以又称"学士桥"。每当中秋夜，皓月当空，水、桥、月相映成趣，尤以"月影穿环"之景色最为别致。此桥被列入昔日"沪城八景"之一，名曰"石梁夜月"。同时，此桥也在沪城岁时风俗中占一席之地，是正月十五夜妇女"走三桥"必经的一座桥梁。据顾禄《清嘉录》记载："元夕，妇女

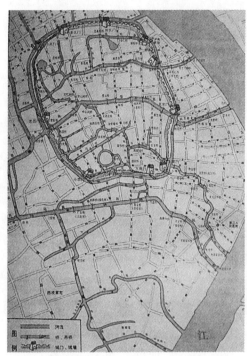

上海旧县城水道示意图　　　　　　陆深像

相率宵行以却疾病，必历三桥而止，谓之走三桥。"

方浜北岸近陈士安桥附近，有座上海城隍庙，庙中的城隍老爷是由明太祖朱元璋敕封的。原来，这位老爷叫秦裕伯，他是宋代诗人秦少游的后代，在元朝做过福建提举使，在上海一带较有影响和号召力。朱元璋为稳定上海，即召秦裕伯进京（南京）做官，但秦裕伯以守母孝推托不去。朱元璋便用企图谋反相威胁，秦裕伯被迫进京，"做事不做官"，朱元璋也只好默认。之后不久的1373年，秦裕伯在上海逝世。朱元璋闻讯，说："他（秦裕伯）生不为吾臣，死后卫我土。"便敕封他为上海城隍爷。鉴于城隍庙原为"霍光神祠"，先进山门为大，虽然朱元璋封秦裕伯为上海城隍爷，但也只得让霍光神在前殿，秦裕伯在后殿，因而成为"一庙二城隍"。城隍庙附近有纪念抗英民族英雄陈化成的"陈公祠"。"八一三"淞沪抗战中，陈公祠被焚,陈化成塑像被抛置路边。民众就将此塑像抬入城隍庙供奉,于是又有"一庙三城隍"之说。这在县级城隍庙中是独一无二的。方浜北岸因有了城隍庙,人们逢时过节都要去烧香求平安,香火旺自然带来商业旺,形成了非常热闹的庙市。因浜而成市,因庙而兴市,方浜沿岸的繁盛,可谓是个"典型"。

张焕纶肇嘉浜边办书院

肇嘉浜是上海旧县城内正中的大干河,东流入浦江,西连蒲汇塘。肇嘉浜为当时县城入松江府的运粮内河,十分重要。

肇嘉浜沿岸为县城的繁华地带。沿浜是商业、交通中心,大东门外,商铺稠密,市面繁荣。更重要的是江边(肇嘉浜入江处附近)有座由上海道叶廷眷于1867年修筑的南新关,也称江海南关,其任务是负责国内贸易征税。在这海关临浦江边建造了一个码头,进出上海的官员即从此上下,这个码头

梅溪书院毕业生合影

被叫做大码头或官码头。又因南新关坐落在肇嘉浜畔，为方便人员进出，就在临近海关的肇嘉浜上搭建了一座木桥，过桥可直抵海关。这座桥便被称作关桥。

在肇嘉浜登云桥南，有座国人创办的最早的新式学校，初名正蒙书院，是由张焕纶邀请同窗好友沈成浩、徐葵德等人于1878年集资兴办的。张还将自己住宅的部分厅堂、庭院用作校舍，招收刚开蒙的学生40余人。在办学体制、课程设置、教学内容及组织管理上，都参照西方学校的方法。四年后，学校改名"梅溪书院"。为适应社会需要，增设英、法文课，还注重体育和军事训练，为上海最早实行军事训练的学校，也是上海童子军的"祖师爷"。光绪二十八年（1902）改为官立梅溪小学。被誉为"职教派"首领的职业教育家黄炎培对梅溪小学十分赞赏，说："吾国教育，上海发达最早，而上海小学，梅溪实开其先……"之后，应盛宣怀聘请，张焕纶任南洋公学首任总教习，主持教务工作。

陆锡熊薛家浜畔建书隐楼

薛家浜进城后支流众多，与中心河及其支流组成南部城厢水网：其一北流汇于吾园；又一入郁婆浜；再一转西至中心河，再北入肇嘉浜。中心河有一支流至城根，名半段泾。

沿此浜及其支流，有不少有名建筑。最著名的一是也是园，二是书隐楼。书隐楼建于清乾隆年间，为目前上海市区仅存的较为完整的清代住宅。该楼占地三亩余，共五进，有房屋60多间，面积1 000余平方米。第一至三进，内有轿厅、七梁正厅、话雨轩、十字墙、船厅、戏台以及池沼、假山、花圃等，目前损坏严重。第四、五进为两层楼房，四周筑有高为三丈六尺的风火墙，比原上海城墙高出一丈二尺，远看似座白色城堡，蔚为壮观。第四进的正楼名藏书楼，当年楼上置有乾隆进士沈初题写的"书隐楼"匾额，雕梁画栋，美轮美奂，可与宁波天一阁媲美。第五进楼房为"口"字形的走马

书隐楼第五进走马楼一角

楼,为房主人生活起居之所。这两进保存较好。

此宅的砖雕十分精美。门枋上"西伯侯磻溪访贤"长卷式故事图,仅各种人物就有32个,姿态各异,栩栩如生。字碑右侧兜肚"穆王朝见西王母"砖雕图,王母骑青鸾翱翔云间,下临碧波;左侧兜肚"老子骑青牛出函谷关"砖雕图,老子前去给关令尹写书的神态,活灵活现,令人神往。楼前东西两侧厅与北房之间,各有一块一人多高的双面镂空砖屏:东侧"三星祝寿"图,西侧"八仙游山"图,图中11位神仙刻得惟妙惟肖,立体感强。其背面按形作图,刻有祥云缭绕或蝙蝠飞翔,细腻生动,为砖刻中的绝品。此楼为乾隆二十六年(1761)进士、曾任《四库全书》总纂的陆锡熊所建,后归于赵氏,又归于郭氏。今仍为郭氏私产。

闽商们陆家浜南筑会馆

在陆家浜普安桥正南不远处,有座精美绝伦而又富有革命传奇色彩的三山会馆。

三山会馆于清宣统元年(1909),由福建旅沪水果业商人集资兴建,至民国二年(1913)竣工。

在福建省福州城中有三座山:东南曰于山,西南曰乌石山(一曰道山),北曰越王山(一曰闽山)。"三山"亦可作福州市或福建省的别称,故名"三山会馆"。

红砖白缝的三山会馆，远看像一座封闭式的城堡，既坚固又颇具气势。大殿正前面有一座古戏台（也称打唱台），戏台上有个螺旋形藻井，其下部饰有当年上海城的8个城楼模型，十分逼真，为全市会馆中所没有的老城标志。台前两根青石柱上刻有一副楹联，生动反映了戏台的功能："集古今大观，时事虽异；得管弦乐趣，情文相生。"

戏台后东西两边为两层厢楼，专供人们观戏之用。楼房东西两边风火墙上饰有"将军帽"（亦称"马头墙"），为福建古建筑的一大艺术特色。

这座三山会馆还是现存上海工人第三次武装起义的唯一遗址，属上海市级文物保护单位。

1927年3月20日，北伐军抵达龙华，中共中央决定举行第三次工人武装起义。23日，三山会馆成为南市工人纠察队总部。当天下午，在三山会馆举行了"上海总工会工人纠察队南市总部"成立大会，并在《时报》《申报》上刊登广告，宣布自3月23日起在三山会馆公开对外办公。王若飞曾在此办公，周恩来也曾来此指导工作。

当时，蒋介石见上海工人的武装力量迅速壮大，十分害怕，便于1927年4月12日凌晨发动反革命政变，派军队将三山会馆包围。南市工人纠察队员依靠会馆高大、厚实的围墙，进行英勇抵抗，但终因寡不敌众而失败。所以，三山会馆成了蒋介石镇压工人革命运动的见证。经战火洗礼后的这座会馆，更显雄伟壮丽。

1985年，因建造南浦大桥和辟通中山南路，而三山会馆正处于路中央，经市人民政府有关部门研究后，决定将该馆南移30米，并按"修旧如旧"的原则，按原貌重建，对极具文物价值的古戏台则进行整体搬迁。搬修工程历时3年，于1989年9月竣工开放。今会馆占地4亩余，其中主体建筑1 000平方米。1988年11月在会馆设立"南市区革命史迹陈列馆"；1992年10月，设在会馆内的"上海民间收藏品陈列室"也开馆接待游客。

1989年10月30日，胡立教、汪道涵等领导同志亲自为三山会馆青少年爱国主义教育基地揭牌。馆内常设"上海工人三次武装起义史料展""王若飞生平事迹展"。1999年"五四"前夕，为纪念王若飞100周年诞辰，原在人民路、大境路口的王若飞纪念像迁入三山会馆，并举行隆重落成仪式。各种展览受到中外来宾的高度评价。

填浜筑路老城融入大都市

上海开埠以前，老城厢的河流的确对上海的经济发展和人民生活起到了很大作用。然而，上海开埠后，陆上交通逐渐发达，具城河道作用也就日益减弱，甚而成为经济迅速发展的障碍。所以辛亥革命前后，人们要求拆城、填浜筑路、发展交通的呼声日高，并最终得以实行。方浜，在城外一段填平后筑成今东门路，城内一段填平后筑成方浜路。肇嘉浜在老城厢内的一段，于1914年填筑成肇嘉路，抗战胜利后改称复兴东路。薛家浜于1906年至1914年间填中心河，筑成今小桃园路、河南南路、净土街、亨桥街。1906年填半段泾、运粮河，筑成蓬莱路、南阳路。清光绪、宣统年间，填城内薛家浜筑尚文路等。陆家浜于1926年6月填平，筑成陆家浜路。西洋泾浜于1915年填河筑路，名为爱多亚路，今为延安东路。

由此，上海县城由泽国成陆地，水城至今变为现代大都市的一部分了。

夏原吉开拓黄浦江

欧 粤

黄浦江及上游的三大支流斜塘、园泄泾、大泖港，横贯松江大地，由东往西，逶迤入海。人们都知道，因为有了黄浦江，才孕育出大都市上海，可是很少有人知道，黄浦江并非得之天然，主要是靠人力改造才得以形成。从时间上计算，明代永乐元年（1403）起，黄浦江水系逐渐形成，至今已有六百来年的历史。后来，黄浦江孕育了大上海，使之成为世界大港、东方大都市，其作用和地位在上海乃至中国举足轻重，那是黄浦江的开拓者们所始料未及的。

黄浦江的前身主要是黄浦，在明代被称为大黄浦。六百多年前，苏州、松江一带是明朝赋税的主要来源地，所谓"苏松财赋甲天下"。历代统治者为了有足够的财政来源，一向比较注意保护和发展苏松地区的农业生产。"国家大计半在江南，不修水利则田赋不登，田赋不登则国用匮，所以当亟为讲求者，莫先于水也。"明永乐元年，明成祖朱棣即位不久，浙西又发大水，灾及松江、苏州、嘉兴等6府。朱棣立即委任户部尚书夏原吉赶赴苏松治水。

夏原吉是明代初年一位杰出的理财和治水专家。他自朱元璋登基后，经历洪武、建文、永乐、洪熙、宣德五朝，一直在朝廷担任要职，其中担任户部侍郎、户部尚书就达27年之久，可称得上是一位真正的五朝元老。

夏原吉到达苏松以后，一面实地查看灾情、地形，一面召集官僚及地方人士，听取大家对治水的方略。当时对治理太湖之水有两种意见：一种意见为"治江"，认为治理太湖之水只有从治理吴淞江着手，吴淞江"开则六府（杭州、嘉兴、湖州、苏州、常州和松江）均蒙其利，塞则六府同受其害"。

他们列举前朝历代治水者，无不以疏浚吴淞江为急务的例子，坚持以治吴淞江为主。第二种意见是"治浦"，这个方案是上海本地人叶宗行等提出来的。他们认为，吴淞江旋疏旋塞，屡治无效，始终不能从根本上解决问题，不如一面将太湖水疏导进长江，以减轻吴淞江的压力，一面加强黄浦的排水能力，通过黄浦来排泄太湖之水，也就是说，要改变仅吴淞江一条江排水的局面。当时，大部分人持第一种意见，第二种意见遭到许多人的反对。

在治理方法上，当时也有两种意见：一种主张用"堵"的方法，即采取前人一直采用的修围、开江、筑堤、置闸等方法，认为这样就能控制泥沙的淤积，使水流通畅。另一种意见主张"导"，禁止农民等筑坝阻流，疏通大小河道，即分导太湖之水归于海。

面对两种不同的方案，夏原吉深入实地考察，经过反复研究，决定采用"治浦"和"疏导"方案，具体规划是将太湖泄水向北分流进浏河、白茆河，向南分流进黄浦。这是一个需要有极大的勇气和极高的智慧才能作出的决断，是前人从未尝试过的方略。如果照"治江"方案治理，数年内可以见效，但只能治标，不能治本。

在具体治理上实施了两项工程。一是吴淞江上游分流，"引太湖诸水入刘家、白茆两港，使其势分"。明永乐元年（1403），夏原吉共征用民工十多万人，疏浚吴淞江上游南北两岸支流，计25 000余丈，引太湖水通过浏河入海，经白茆河注入长江，从而增加了太湖的泄水通道，减轻了吴淞江的压力。二是拓宽范家浜。范家浜的位置在今上海南市（今已并入黄浦区）附近，原是黄浦旁的一条小河，经南跄浦入海。夏原吉决定拓宽范家浜以通黄浦，以黄浦作为上游，范家浜、南跄浦作为中游和下游，组成新的河道。这项工程在永乐二年（1404）基本完成，共开掘大黄浦、范家浜12 000丈。

经过这次治理，产生了两个结果：

第一，形成了一条由大黄浦、范家浜、南跄浦组成的新河道，这就是黄浦江。黄浦江形成之初，上游接与太湖相通的淀山湖，下游从川沙东向入海。以后随径流冲刷，河口向北摆动至今吴淞口入长江，成为长江的支流。

80%的太湖水通过黄浦江排泄入海，浙西诸水也经过黄浦江东流。黄浦江足以敌潮，不致淤塞。

第二，改变了上海地区河网格局，以吴淞江为主变为以黄浦江为主。夏原吉治水后，吴淞江下游仍继续使用，但此时吴淞江经过分流，水量大减，冲淤能力更弱，下游河道已不能行船。因此，在明正德十六年（1521），李允嗣带领民工开展吴淞江改道工程。这次工程，废弃吴淞江下游故道（今虬江路一线），另外掘宽宋家港70余里河道，引吴淞江水至陆家嘴与黄浦江汇合。这样一来，原是支流的黄浦江成为主流，而原来是干流的吴淞江则成了黄浦江的一条支流。现在我们已很难想象当年吴淞江的气势，如果还有什么遗存的话，那只有吴淞口一处了。因为黄浦江是夺吴淞江入海的，所以至今黄浦江的入江处仍然被称为吴淞口。

黄浦江并非从一开始就像今天这样壮阔。这条新河道最初也只有三十来丈宽（约合一百米），还不能马上成为太湖泄水入海的主要通道，一遇水灾还会出现灾情。因此，黄浦江、吴淞江的治理仍不断进行。据史料记载，从明代的永乐年间至正德年间的一百多年时间里，共有九次较大的治理，此后又不断疏浚，但疏浚间隔与宋、元相比有所延长，平均十多年才疏浚一次。由于长期的疏浚治理，加上潮流的自然冲刷，黄浦江航道逐渐宽阔。明代正德年间，黄浦江已宽约两里，水深可容大船航行。

黄浦江新通道的形成，是上海地区农业生产和港口航运的历史转折点。上海地区抗御水灾的能力显著提高，为农业高产、稳产打下了基础。凭借黄浦江这条优良航道，上海港有了稳固的长期发展的基本条件。黄浦江成为长江入海口的第一条支流后，控江襟海，处在江海中转的最有利的地理位置上，为上海城市的发展提供了极其优越的条件。可以这么说，没有开拓后的黄浦江，就没有今日的上海城。

上海城的创造者——方廉

夏家骕

元代至元二十八年（1291），元王朝将华亭县东北的五个乡划出，设上海县，属松江府管辖。到1991年8月19日，是上海建县700周年。那么，上海城墙始建于何时？创建者又是谁？知道的人恐怕不多。据清同治《上海县志》记载："元建县后二百六十余年犹无城，故前明倭寇数蹦焉。嘉靖三十二年，邑人顾从礼疏请建城，方廉始筑之。"这位建造上海城的方廉是何许人呢？今据有关史料略作介绍。

方廉（1514—1583），字以清，号双江，浙江新城（今富阳县新登镇）人。祖籍桐庐，系唐代著名诗人方干的后裔，后辗转迁徙至新城定居。嘉靖十九年（1540）中举；次年，成进士。历任江西南康府推官、礼部祠祭司主事等职。他秉性耿直，办案不枉不纵，以廉洁干练名重一时，为礼部尚书徐阶所赏识，遂保荐他出任松江府知府。

松江府所属各县，地处沿海要冲，屡遭倭寇蹂躏。方廉于嘉靖三十二年（1553）春到任后，即增高城垣，疏浚壕堑，并于郭外修建战垒，加强战备。又因上海无城可守，倭寇曾多次长驱直入，以致"官民屋庐，半为煨烬"，乃报请上级批准，开始兴建上海县城垣。但公帑有限，经费支绌。方廉亲自向各富户劝募，告诉大家：如果倭寇再度入侵，那么，各人的身家性命都不能保全，何况室中财物。于是，"人人感悟，委输若流水"。同时，他还经常到建城工地，"早暮行版筑间，与吏民分工力"。历时三月，建成了高二丈四尺，周围九华里的上海城墙。次年，倭寇兵临城下，方廉督率部属据城坚守，屡挫其凶焰，上海人民的生命财产赖以保全。

方廉在松江府任内，悉心整顿吏治，清除积弊，宽减赋税，与民休息。

后因功擢升右佥都御史、提督军务、巡抚应天都郡。其时，江南水灾，"千里汪洋，饿殍接踵"，百姓困苦万状。方廉上疏朝廷，历陈民间疾苦，得以减赋百余万。由于方廉生性耿介，不善奉迎，开罪于某藩王，曾一度被罢官。隆庆初，又被重新起用，任南京大理寺卿，累官至工部右侍郎。

隆庆四年（1570），方廉告老还乡，仍热心于地方公益事业，主持修建桥梁，编纂县志等，为地方做了许多好事。晚年，他有感于自己身后别人替他作《墓志铭》，"揄扬其善行，张大其事功。抑知言苟弗实，含羞地下"。为此，在生前自己撰写了《寿域自叙》一篇，对自己一生作了恰如其分的评价。万历十一年（1583）秋末，方廉在家病逝，享年70岁。墓葬城西天柱山下（在今富阳新登区湘主乡，俗称方家坟头）。明"后七子"之一王世贞为其作《墓志铭》。

"文革"期间，方廉墓被毁。墓前石碑一方，以及石虎、石龟、石马、石羊等物，均移置于新登中学"圣园碑林"（现为县级文物保护单位）。他所纂修的万历《新城县志》四卷，珍藏于浙江省图书馆，为海内孤本。

徐光启的几个"第一"

施宣圆

徐光启像

徐光启,字子先,号玄扈,1562年4月24日(农历三月二十一日)出生于松江府上海县城内太卿坊(今黄浦区乔家路),是我国明朝后期杰出的科学家。他在农学、数学、水利、天文、经济、军事等方面都有贡献,堪称顶级的科学大家。尤其令人称道的,他还是一位首先睁开眼睛看世界的中国人。他引进西方科学,促进中西文化交流,让中国了解世界,世界了解中国,成为我国近代科学的先驱。在中国历史上,徐光启创造了许多"第一",笔者选取了几个"第一"介绍如下,以表示对这位伟大的上海人的崇敬缅怀之情。

第一个翻译《几何原本》

徐光启与利玛窦做的第一件大事,就是一起翻译《几何原本》。中国古代的数学是很有成就的,曾经以独特的风格对世界数学的发展作出了重要的贡献。但是,到了明末,政府不重视科学,知识分子空谈性理,不注重实学,许多重要的数学著作失传了。徐光启多次听到利玛窦谈起西方数学理论和它的用途,觉得数学"裨益民用",就向其提出翻译《几何原本》。《几何原本》是公元前300年左右亚历山大数学家欧几里得所著的。徐、利的译本是根据16世纪欧洲数学家克拉维斯的拉丁文本子。《几何原本》共十五卷，他们只翻译了前六卷《平面几何》。第七卷至十五卷讲的是数论和立体几何，直至19世纪末才由近代著名数学家李善兰翻译完成。

《几何原本》中译本

徐光启和利玛窦合译《几何原本》，虽然只有前六卷，但是，它的意义是深远的。自此以后至19世纪中期，《几何原本》成了许多人学习数学的启蒙读物，造就了一代又一代的数学人才。现在我们中学生的课本《平面几何》名称是徐光启创造出来的，《几何原本》中许多名词、术语，比如点、线、平面、曲线、钝角、直角、锐角、直径、三边形、四边形、多边形、平行线等，都是徐光启的"专利"。徐光启说："《几何原本》者度数之宗，所以穷方圆平直之情，尽规矩准绳之用也。""能精此书者，无一事不可精；好学此书者，无一事不可学。""此书为用至广，在此时尤所急须。"他后来在修订历法的时候，向崇祯皇帝上了一折《条议历法修正岁差疏》，又提出了"度数旁通十事"，也就是说精通了数学，可以触类旁通十个方面——观测天象、测量水地、考正音律、制造兵器、建筑城池、理财、建屋造桥、制造机器、测绘地图、制作时钟等，"于民事似为关切"。数学，是一切学科的基础。他体会到西方科学重视的是事物数量关系，并以此来探索和发现自然界的客观规律，他把这种思维方法称之为"由数达理"。反观中国的数学，恰恰缺乏这种形式逻辑公理系统。他对比了中西两种不同的科学，觉得西方科学才能实现他的"富国""强兵"愿望。

第一个主编中西合璧的《崇祯历书》

明朝的历法是《大统历》，实际上是沿袭元朝大历法家郭守敬制定的《授时历》。《授时历》在元朝时无论是观测天象，还是计算时间，都是世界上一流的。到了明朝末年，300多年没有修正，已经出现了明显的差错。早在万历年间，徐光启就提出修改《大统历》，可是得不到皇帝的支持。到了崇祯二年（1629），徐光启出任礼部左侍郎，负责礼部的日常行政工作（钦天监也属于礼部管辖），才开始主持修历工作。他在京师成立了一个修历局，一方面在民间招聘通晓历法的人才，另一方面延请传教士邓玉函、龙华民、汤若望和罗雅各前来参加修历。传教士和修历人员互相学习，互相探讨，取长补短，密切配合，修历工作进展很快。

徐光启修订《大统历》的指导思想是："熔彼方之材质，入《大统》之型模。"徐光启知道，西历的球面天文学公式和一些测量推算的方法、公式，都具有严密的数学基础，其精密度超过《大统历》。所以，要将西方（即"彼方"）先进的科学理论和技术引入《大统历》这个"型模"中。但是，这不是简单地"拿来"，也不是生硬地"凑合"，而是要"与中历会通归一"，最后编纂出一部新的历书。在封建社会，天象变化往往与"天"连在一起。重用洋人，采用西法，改革老祖宗的历法，这还了得！修历当然受到一些守旧分子的反对。徐光启并不赞成死抱祖宗之法不变。在他看来，要超过西历，首先必须了解西历，学习西历。他有一句名言："欲求超胜，必须会通；会通之前，必须翻译。""超胜"要以"会通"为前提，"会通"要以"翻译"为基础。只有认真学习和研究翻译过来的西历书籍，融会贯通，才能真正吸取西历先进的理论和技术。他对西历不是盲目地照搬照抄，不仅在理论上要"会通"，还要在实践中检验，以达到一义一法都要有根有据。"今所求者，每遇一差，必寻其所以差之故；每用一法，必论其所以不差之故。"这就是四百年前徐光启对西方文化的"拿来主义"。

徐光启领导修订《大统历》是中国历法的一次重大改革，也是他把西方文化引进到天文历法中的一次实践。修订后的《大统历》，因为是在崇祯皇帝在位时编纂的，所以称为《崇祯历书》，但直到清朝顺治二年（1645），才由清政府正式公布实施。《崇祯历书》的编纂是中国历法史上的一件划时代的大事，徐光启功不可没。

第一个创办兵工厂

明朝末年，后金在北方崛起。万历四十六年（1618），努尔哈赤率领后金军队攻占东北抚顺，京师大震。兵部右侍郎杨镐率明军40万人，前往东北同后金军队展开激战，经过一个月交锋，几乎全军覆没。消息传至京师，朝野议论纷纷，一筹莫展。有人推荐徐光启，说他"夙知兵略"。于是，他被皇帝请"出山"，参加防守北京的工作。徐光启在主持练兵和防守京城中，多次上疏皇帝，坦诚地提出自己的"正兵"主张。所谓"正兵"就是整顿军队。在他看来，战争最关键的是人——军队。他指出当时论资排辈，营私舞弊，致使许多真正有才干的人得不到任用或者任用不当。为此他提出"取人用人之法"：命令在京的大臣，推举真正有才干的人——不论大小官员，还是老百姓，甚至是罪犯或残疾人，只要他们有文武才略或是高明的技巧就行。推举上来的如果建立奇功，举荐者可以得到奖赏或提拔。他还提出严格训练军队、赏罚分明、选练精兵的一系列措施。

徐光启在同传教士交往中，知道西方火炮比明朝军队中使用的火炮威力要大。在守卫京城的时候，他同好友李之藻商议，派人到澳门购买了西方火炮。在对后金的作战中，西方火炮充分显示了巨大的威力。徐光启对制造西方火炮充满信心，他认为，西方火炮"物料真，制作巧，药性猛，法度精"，还有车轮行动灵活、发射快、威力大等优点。他多次向崇祯皇帝上疏在京城制造西方火炮。经崇祯皇帝同意，他在京城内创建了一个制造西方火器的兵工厂，延聘传教士陆若汉等，还从修历局借来了罗雅各、汤若望，请他们担任技术顾问，仿照西洋火器制造新式的火枪、火炮。北京城中的这个兵工厂，是中国历史上第一个制造洋枪洋炮的军事工厂，比近代的军事工厂要早200多年。

有了火枪火炮，徐光启便着手建立一支洋枪洋炮武装起来的军队——精锐火器营。该营以驻守在山东登州的孙元化所部作为基本队伍。孙元化是上海嘉定人，徐光启的学生，又是他儿子徐骥的丈人。孙元化精通火炮技术，他是登莱巡抚，旅顺一带辽东半岛都属他管辖。在徐光启的影响下，一些熟悉西洋火炮的专家以及传教士都在军中任职，他们教练士兵制造、使用火枪火炮。孙元化的这支洋枪、洋炮武装起来的军队，是当时明朝装备最好的精锐部队，也是徐光启苦心经营、寄以很大希望的一支军队。可是，正当他要展示宏伟的军事计划的时候，1632年，后金军队进攻关外大陵河，孙元化派部下孔有德率兵增援。孔率军至吴桥，突然哗变，孙元化等人被俘，所有的西洋火枪火炮尽为叛军所有。这就是有名的"吴桥兵变"。徐光启建立火器营的计划彻底破灭，而且又被卷入到一场宗派的斗争中。从此，他心灰意懒，不再言兵，专心修历。第二年，崇祯皇帝又晋封他为太子太保、文渊阁大学士（相当于宰相），主持阁务。此时徐光启已经72岁，"心思耳目，俱见衰残"，虽再三推辞，皇帝仍要他"出山""佐理"。他又折腾了一番，终于积劳过度，心力交瘁，在北京逝世了。

《徐氏庖言》书影

徐光启练兵、正兵以及如何使用火器守城、攻敌、武装军队等方面的奏疏，后来被汇编为《徐氏庖言》（意为他本是文人，文人言兵，越俎代庖也）一书。清兵入关后，顺治皇帝读了《徐氏庖言》，感叹道："使明朝能尽用其言,则朕何以至此耶!"意思是明朝政府要是能够采纳徐光启的建议,清军也许不会这么快就进入北京城了。当然,此时的明朝大势已去,即使崇祯皇帝再怎么"圣明",徐光启再怎么"有为",都无法挽救它灭亡的命运。

编撰第一部农学百科全书《农政全书》

《农政全书》分为十二目,共六十卷,凡六十万言。十二目为:农本、田制、农事、水利、农器、树艺、蚕桑、蚕桑广类、种植、牧养、制造、荒政。卷首还有《凡例》二十二则。

《农政全书》体现了徐光启的农本思想。徐光启曾经指出"农者生财者也",并屡次陈说"根本之至计"在于"农",逢人便说"富国必以本业"。他的号叫"玄扈"。"玄扈"原是指一种与农时季节有关的灰色雀类,古代曾将管理农业生产的官称为九扈。徐光启取号"玄扈",体现了他以农为本的思想和爱国爱民的情怀。

《农政全书》是徐光启长期实践和调查研究的结晶,凝聚了他几十年的心血。在《农政全书》中,人们可以看到他勇于创新的精神和一丝不苟的作风,体现在了以下几方面:

一、破除成见,主张变通。在我国古代的农书中有一种"风土说",认

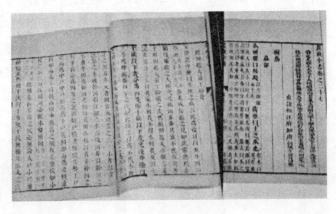

《农政全书》书影

为农作物的种植分布是受到地域、风土、气候条件决定的，这是"圣人"的话，不可改变。在徐光启看来，这是一种传统的成见，禁锢人们的思想，必须破除。他尖锐批评"风土说"："所谓悠悠之论，率以风土不宜为说，呜呼！此大伤民事，轻信传闻，捐弃美利者多矣！"他主张"变通使用"，指出地域、风土、气候，固然与农作物的种植、生长关系密切，但人力能够改变条件，使农作物适应新环境。他亲自把福建的甘薯引进上海，把南方的水稻、棉花等引进天津，继而总结经验，提出在全国范围普遍种植，就是以实际行动破除"风土说"。

二、注重调查，不耻下问。徐光启是一位谦虚谨慎的科学家，《农政全书》是一部严谨的农学著作。书中辑录的古代农书资料，他都要一一加以验证并补充。他的儿子徐骥说他："考古证今，广谘博讯，遇一人辄问，至一地辄问，问则随闻随笔，一事一物，必讲精研，不穷其极不已。"是的，徐光启不管是在什么时候，什么地方，遇到什么人，他都"虚访勤求"，不耻下问，拜目不识丁的农民为师。比如，他通过老农的讲述，记录了蝗虫的生长史，悟出了棉花的种植方法。他曾听到有人谈起某深山中一位老圃（园工）有种植乌臼的技艺，觉得"此法农书未载"，便不辞劳苦，登山造访，经过试验，证明有效，就记在书中。这样的事例在书中有许多。

三、亲自试验，品尝百草。正确的科学结论来自严密的科学实践，徐光启对以往的农书文献，不盲从，不因袭，甚至连一些历来被视为定论的传统观点，也敢于提出异议。他少小家贫，经常参加农业劳动。以后，他在天津垦殖，有一片很大的田园；在上海老家，还有进行农作物试验的桑园。他亲自栽培甘薯、女贞、种植棉花、水稻、饲养白蜡虫，嫁接葡萄等，到了晚年年老体衰，仍以不能躬身"栽花莳药"为憾事。为了准确证明植物的功效，他亲自品尝过许多草木野菜的味道，然后注明"叶可食""实可食""根可食""茎可食""花可食"，并且详细介绍其食用方法。据《农政全书》的统计，徐光启亲口尝过的野菜草木达57种之多。远古神农尝百草是传说，而徐光启尝草木野菜则是千真万确的，这是多么难能可贵啊！

旧时徐光启墓前的牌坊

光启公园里新雕刻的徐光启塑像

四、杂采众家，兼出独见。《农政全书》的大部分内容是徐光启"杂采众家"的文献资料，计有225种。这些文献资料上至先秦，下到和他同时代的农家，有的文献今已失传，有的版本与今天也不尽相同。徐光启对这些文献资料或作圈点、或作批注、或作解释、或作补充、或评论得失、或引申发挥，文字不多，新见迭出，所以说他为我们保存了一份极其珍贵的农学遗产。

徐光启一生关注农业生产，数十年来，他对"大而经纶康济之书，小而农桑琐屑之务，目不停览，手不停毫"。因为杂事纷繁，后来又因后金入侵，他被朝廷召去担任练兵、保卫京师以及编纂历法的工作。《农政全书》一直未能完稿，直至崇祯十二年（1639），徐光启卒后六年，才由著名学者陈子龙等人编辑刻印出来。《农政全书》是我国农学史上一部最完备的古代农学百科全书，直至今天仍有很高的学术价值和实用价值。

徐光启还有几个"第一"：他是第一个加入天主教的中国科学家；他第一个提出人口每三十年增加一倍的观点，这一人口自然增长率的推算比英国人口学家马尔萨斯早170多年；他第一个详细叙述蝗虫的生活史，并提出防治蝗虫的方法。徐光启不愧是一位伟大的科学家。他逝世时，妻子、儿子不在身边，"盖棺之日，囊无余资"（《明史·徐光启传》），"宦邸萧然，敝衣数袭外，止著述手草尘束而已"（《罪惟录·徐光启传》）。真是一生廉洁，两袖清风。难怪著名学者张溥感慨地写道："古来执政大臣，廉仁博雅，鲜公之比！"徐光启的遗体安葬在上海县城西门外，此处是徐氏后裔及其族人聚居的地方，为了表示对他的纪念，人们称它为"徐家汇"。徐光启是明朝文渊阁大学士，人们又称他为"徐阁老"，他的坟地叫做"阁老坟"。

现在，徐光启墓坐落在徐汇区光启公园内，为国家重点文物保护单位。20世纪80年代以后，上海市文管会和徐汇区人民政府就开始对徐光启墓地进行多次整修，将原来的封土堆整修成椭圆形大墓，墓前竖立著名数学家苏步青题写的"明徐光启墓"的墓碑，还新建了花岗石的徐光启半身塑像和刻有徐光启手迹的碑廊，整个墓园，遍植苍松翠柏。2003年开始又对墓地全面整修，重建了石华表、牌坊、石翁仲、石兽等，重修了封土堆和墓道。徐光启是我们上海人的光荣，是我们上海人的骄傲！

冈察洛夫旅沪见闻

祖 安

伊凡·亚历山大罗维奇·冈察洛夫是俄国杰出的批判现实主义作家，又是一位出色的旅行家。1852年，出于对环球旅行的强烈向往，他权充某舰队司令的秘书，跟随一艘名叫"巴拉达"号的三桅战舰作漫长的远洋航行。这次航行把他带到了太平洋、大西洋、印度洋沿岸的许多国家和地区，也使他到达了中国近代首批开放口岸之一的上海。

冈察洛夫

冈察洛夫乘坐的战舰是在1852年10月从彼得堡出发的，经过波罗的海等海域，抵英国。接着从大西洋南下，过好望角后，越印度洋至香港、日本。这时已是第二年的11月了。11月11日，战舰离开日本，横渡东海，驶往中国。由于船体庞大，战舰下碇于嵊泗列岛。23日，冈察洛夫和一些人结伴乘纵帆船前来上海。

1853年的上海正处于动荡大变之中。自《南京条约》签订以后，上海对外开埠，先后设立了英、美、法三个租界，西方在上海的势力正在迅速地上升。这一年的9月，在太平天国起义的影响下，小刀会起义在上海爆发，起义者一举攻下上海县城，此时他们正英勇地抗击着清军的不断进攻。冈察洛夫就是在这样特殊的背景下进入上海的。

洋行大班豪宅前的大炮

　　细雨霏霏中，冈察洛夫乘坐的纵帆船驶进了黄浦江。只见两岸长堤逶迤，村舍簇簇。临近上海时，江面顿时热闹起来，"中国帆船川流不息"。在离上海城三海里处，冈察洛夫看到了无数三桅外国商船鳞次栉比地停泊在两岸，他不禁数了一下，竟有二十列，每列有九到十只大船。在另一处，他又看到集中"锚泊着一批美国三桅大船"。这些景象充分反映了上海作为一个开放的港口城市，对外贸易已经兴盛起来，中外之间的经济交往已经非常地活跃。

　　然而，西方对上海的初期贸易是以掠夺性的鸦片贸易为主的，这种贸易不仅榨取了中国的大量原料和土特产，而且还摧残着中国人民的健康，吞噬着他们的生命。在短短的几天中，冈察洛夫很快就认识到了西方在上海贸易的这种罪恶性。他在游记中满怀愤激，以尖锐的措辞写道："现时的上海，在这一带海洋上，贸易周转额已经跃居首位，超过了香港、广州、悉尼，仅逊于加尔各答。靠的完全是鸦片生意！鸦片夺走了中国人的茶叶、生丝、金属、药材、染料，榨干了中国人的血、汗、精力、才智和整个生命！英国人与美国人冷漠无情地攫取这一切，大发横财……"

　　从美国领事兼美商旗昌洋行大班金能亨的食宿生活，就可以知道此时西方人在上海"大发横财"达到的程度了。在逗留期间，冈察洛夫出席了金能亨家的一次宴会，只见餐桌上摆着"大堆牛排或全羊"，"桌上的菜肴极端丰盛，'谁能吃掉这么多的肉、禽、鱼？'每个人都会提出这样的问题"。至于金能亨的寓所，"是上海最豪华的建筑之一，建筑费用约为五万美元之巨，并带有一座花园，或称庭园。院内绿树成荫，宽大的露台下面是精美的柱廊。窗上装有百叶板，阳光不能直射玻璃……"但另一方面，在豪华生活背后的那些灵魂显然是虚弱的，"庭前的阳台下面，架着一尊大炮，炮口对街"。金能亨等洋商是知道侵略和掠夺终究要引起这个具有斗争传统的民族的反抗的，因此唯有凭借武力来小心地保护这个新建立的天地了。

"中国小饭馆远胜俄国饭铺"

在上海,冈察洛夫纵情地游览了市容风貌,他以一个外国作家对中国的浓厚兴趣以及敏锐的观察力,热烈地注视和探索着上海的一切。他首先来到了英租界。在英国人的经营下,黄浦江西岸已形成了西方模式的新市区:"街道两旁仍是接连不断的洋商寓所,一律院栅高筑,庭园清幽。"沿江大街(即外滩)"矗立着宏伟的欧式大楼,柱廊、阳台、贵族气派的门庭一应俱全……"。英租界内的马路上人来人往,熙熙攘攘:"到处都可看见搬运工人。他们踏着又快又大的步伐,抬着货物前进";一队脚夫从河里划艇上卸下茶箱,"每人挑着两大箱"去商行,到了货栈"茶箱还要最后密封捆扎,送往美国快船或英国商船";一些做苦工模样的人"长辫绕着远非白嫩的额头缠上两周",成群地站在那里"等候雇主招工";在跑马场(按:当时还是第一跑马场,在今南京东路、河南中路交界处)及附近,一些"欧人男女"正在练马,他们"毫无顾忌地在中国人的田野里驰骋纵横"。但是,在跑马场的周围都竖有木桩,写有"禁止中国人"进出的文告,这就是说,这里只是外国人才能独享的地盘,土地的真正主人反而无权涉足。

跨过洋泾浜(今延安东路),是法租界地段。这里接近旧城区,摊肆林立,人声鼎沸。冈察洛夫饶有兴趣地参观了五光十色的市场,以细腻的笔调对其作了生动的描绘:"长长的狭街窄巷,像迷宫曲廊一样,四通八达,不知所终";街道两侧"房檐差不多互相搭在一起",各家"一律上层住人,下层售货";店铺一般敞着门户,"售品一览无遗";"人们在锅灶上做着小吃,就地出售。绸缎庄的门前是咝咝冒气的老虎灶和成堆的麻花、大饼。水果店和杂货店紧紧相连,一边是鲜果、一边是草鞋和马具"。街上有"挑着大包的货物、成箱的茶叶、大捆的丝绸棉衣、成堆的干草柴火,在人丛中像游鱼一样穿行而过"的挑夫;"有敲梆子叫卖麻布、手拎野鸭肩搭

野鸡""手里提着一挂肠子或者一条长及地面的大鱼"等的各色各样的小贩。面对琳琅满目、喧嚣灌耳的繁荣市肆，冈察洛夫不禁大为感慨："中国小饭馆远胜俄国饭铺，吃食丰盛，花样繁多，各种气味：酸甜苦辣，一应俱全……看不胜看！山海江河，大地天空，处处都是食物的来源，一切都可入食……"

商贩和起义军的热情交易

在上海，冈察洛夫还不避风险，来到了清军与小刀会起义军的交战地带。早在纵帆船刚刚驶近上海的那个夜晚，冈察洛夫看到"左侧地平线上闪着红光"，就断定"上海正在酣战"。进城后，他决心要亲眼去看一看在这片土地上发生着的激烈战事。冈察洛夫一行从外围来到了清军的营地，登上架在壕沟上的拱桥，放眼望去，但见营盘里"军帐密布，旌旗飘扬，五彩缤纷"，又"不时响起炮声"。清军的阵容似乎颇为壮观，但同行的英国军官对此解释说，这"多是空炮"，"不管是雾天、黑夜，也不管是有无敌军，他们只是瞎放一气"，以示"常备不懈"。当时攻城的清军指挥官是苏松太道吴健彰，他调集大军围攻县城弹丸之地，照一般人想来似乎很快能将其攻下，但冈察洛夫观察后，却认为："没有那回事，道台至今毫无进展"，"尽管道台施展无穷无尽的残酷手段，但起义者却岿然不动！他们坚守炮台，县里人逾过城墙源源不断供应炮台食物——官军对他们也奈何不得"。冈察洛夫深入到了县城城墙附近，目睹了上海市民支援小刀会起义的动人场面：县城周围的护城河边"聚集着上千的人群，大家一齐破着嗓子高声叫喊"，城墙上则"站满了起义军，也不下千余人。他们同样也在朝下喊着"。城下的是商贩，他们肩挑手提，车载畜驮，从市区运来一切可运之物。猪羊家禽、青菜果品、烧柴圆木，源源不断升向墙头。"城上的人呼唤着"，"有的要买猪，有的要买菜，还有的要买鸡"。当价格讲妥后，城上的人用绳子放下装有钱币的竹筐，于是"鸡、橘子、衣物缘墙而上。甚至成摞的木板都能提上去"。

清代上海老城厢市场一角

老城厢外居民

这时清军的大炮在耳边不绝地轰鸣，表示"同起义军不共戴天"，但商贩们"也在高声呐喊，目的却是让起义军坚守城池"。冈察洛夫对此幽默地作比较说："商贩对县城的围困比帝国军队更有效、更成功。"

冈察洛夫在上海前后共盘桓了22天，于12月15日离开了这座东方城市。对于中国人民，冈察洛夫是非常友好的，他正是从这些天对上海人民及上海城市的接触和观察中，深深体会到了中华民族的伟大和勤劳。在他以后所著的长篇旅行记《巴拉达号三桅战舰》中，他直截了当地写下了他的评价："中国人是活跃的、精力充沛的民族"，"尽管臭气扑鼻，尽管赤贫如洗、肮脏不堪，但是仍然可以看出主人的聪明才智、有条不紊和一丝不苟的精神"。应该说，这也是冈察洛夫在上海旅行最重大的收获了。

我这个"老上海"

于光远

我们家族在清末的上海有点名气,在关于上海小刀会的资料里,还有些记载。研究我的家族的历史可以反映当时社会政治经济的一个角落。台湾名作家高阳先生的多卷本《胡雪岩》,就多处讲到我的祖先的情况。比如在《胡雪岩》中描写的胡雪岩请求帮助出船运米到杭州,救援被太平天国困在城中的清军。接着又看了他写的一本反映清代末年政治生活的《瀛台落日》,书中讲到我家族原来拥有的一个藏书楼的一个重要的情况。在我的家族败落下来后,这个藏书楼的全部珍贵书籍被卖给一个离职的知府。知府死了之后,他的儿子又把这些书卖给了日本人。这件事引起清末不少文人的愤怒,有些人激昂慷慨,甚至有的人为此痛哭流涕。我认为我身为这个家族的成员,又是一个搞社会科学的,写自己家族的历史,不充分掌握史料不行,于是托人帮助我去搜集材料。上海搞地方史的同志帮了我一些忙,寄了一点材料给我。中国社会科学院搞近代史研究的同志也到图书馆找了点材料给我。可是有些材料,包括高阳先生写小说时用的某些史实的出处还是没有找到。我也希望能有机会与高阳先生见面,就有关我家族历史的某些情况向他请教。可是有一次他来北京,他走了之后我才知道,失之交臂。

我这个"老上海""老"在哪里?我是上海人,在上海出生,但在上海住的时间并不长,算了一下,前后不过十几年。我大部分时间是在北方度过的,现在还在北京。但是我的祖籍是上海,而我家族在上海城市里的时间很长。农村中世代住在上海境内的人是很多的,然而世代住在上海城市里的人却不很多。现在上海的居民绝大多数是从外地来上海的,像我这样的土著很少。我遇见过许多上海人,还没有遇到过哪个人的祖先到上海城市里定居比我的祖先早。我想这样的人一定有，如果到居民中去作调查，会发现不少人。登刊物征求这种信息，也会收到不少信。我说的是我没有遇到过，因为我遇到的人终究是很有限的。但是我没有遇到过，也可以说明这样的人不会很多。

言归正传，讲我自己。我不姓"于"，"于"是我的假姓，不过不想改回去了。而且我的孩子们也都姓了这个假姓了。我本姓"郁"。"于"本来是北方人的姓，真正的上海人没有姓"于"的。姓郁的，一看就是南方人。

我家住在上海大南门的顾家弄。一头是凝和路，一头是阜民路。阜民路南口就是大南门。这条弄堂很短，与俞家弄相连，因此现在已经改成俞家弄。门牌是顾家弄55号。可是我家还有一个更详细的地址，那是我10岁左右祖母去世时，请道士来举行接耆时，道士念念有词时我听到的。道士要向阴府介绍死者在阳间的地址，因此就要正式行文。那个地址我记得清清楚楚的是："江苏省苏常道松江府上海县高昌司二十二保××甲"。究竟几甲，记不清。后来我知道，在清朝末年，已经在上海设了道台衙门，可是道士们不予承认，还是讲"苏常道"。地址里的司，相当于县下的一个区。我家所属的那个区的所在地是高昌庙，我的祖母阳间所在的地区因此也就在上海县高昌司。当年上海一年一次城隍老爷出巡（注），浩浩荡荡的队伍，就是按"司"来组织的。我住的顾家弄的那个住宅的地皮和房子是我曾祖父置下的产业。我曾祖父有两个儿子，我祖父那一支的堂名是"敬和堂"，我祖父的哥哥的那个堂名叫"存怡堂"。我祖父生了三个儿子，我父亲行三。他有两个哥哥，我祖父的哥哥有两个儿子。我们这一代堂兄姐很多，许多人都住在这个住宅里。为了有点收入，房子还租出一部分，招了许多房客。因此只有一亩多一点的地皮上盖的平房和二层楼的房子里住了七八十个人。我们本家人也住得很挤，我父母和我弟姐们五六口人只住了二三十平方米的一间客堂楼。我家的这个地方，"文革"后还在。我住的那一间还有人住在那里，楼下的客堂和厢房成了副食品店；前几年把那片房子拆了，改建成几层楼的公房，就面目全非了。正门前的那条顾家弄除了改了名称外，其狭窄仍旧一样，刚容得下一辆小轿车勉强通过。我最后一次去那里，车子进了弄堂后，马上引起居民的注视。车子一停，不仅小孩子，大人也围了上来，使你难以相信这是在20世纪80年代上海的中心地带。

讲过"地理"，再讲"历史"。

在20世纪20年代，我们家族修过一次家谱，家父是"修谱小组"的重要成员。这个家谱原先一直由我母亲保存着，"文化大革命"期间她怕抄家被抄出来，视作保存"封资修"的东西而挨斗，偷偷地烧掉了。可是本家还有人保存着。在有了复印机之后，我弟弟借来，复印了一套，现在我家里还有。那个家谱很简单，学术意义很小，但终究是有关家族史的一个重要文献。这个家谱是从我"祖父的祖父"的"祖父的祖父"开始记起的。如果把他算作鼻祖，我就是"九世孙"。我的这位鼻祖还住在南翔。在我小时候，我家族成员一年要祭两次祖。我家有两个祠堂，一个在南翔，在那里祭祖的时间在秋季；一个是在龙华，在那里祭祖的时间是春季。去龙华祭祖的人比较少，去南翔祭祖的人多，除上海去的人之外，还有当地的族人。在南翔祭祖时，我被称为二十三世孙，那就不是从家谱中有记载的那个祖宗算起的，即另有鼻祖。南翔的郁家祠堂我去过不止一次，有比较深刻的印象。在南翔下了火车之后，走不远就到了那个祠堂，它是在离开京沪铁路不远的一个村子里。祭祖时男子先按照辈分跪在草垫上，然后妇女也按照辈分跪在后面。有人司仪，叫"拜""兴""拜""兴"，三跪九叩首，然后叫"礼成"。然后全族的人在祠堂里吃一顿，把祭祖时供奉的那一口猪吃掉。小孩子参加这个活动感到挺有趣的。而因为"小房出长辈"，我家是小房，跪在我后面的有30多岁、40多岁、50多岁的，我还觉得当长辈挺得意的。

大概在80年代初，有一次我到上海，去过南翔，想了解一下这个郁家祠堂的地方现在怎么样了。这个郁家祠堂，说实在话，当初就没有什么气魄，也不大，不过容得下一二百人跪下，而且还不显得拥挤，似乎也不算太小。1937年"八一三"后，我在山西太原。有一天我在报上看到一条消息，日军从上海西上，占领了南翔的郁家祠堂。当时我奇怪这么一个小地方竟会发了电讯，登了报。

在我祖父的祖父这一辈，有一位老祖宗从南翔搬到上海城内定居。我家成为上海城里人就是从那个时候算起的，到我是第五代。我的祖先就从我们祖父的祖父的哥哥手上开始在上海发迹。在他的大儿子手上又进一步发财，成为上海的首富。他们家的发迹靠的是经营沙船业，也就是搞海外贸易。把中国的货物运到日本、爪哇、安南、菲律宾这些地方，再从那里办货，回到国内出卖。常常一艘船出去，在外国又打了一条船、两条船回来。最发达的时候，据说拥有一二百条沙船，还开了许多商号、钱庄等，被称作"郁半城"。后来在太平天国期间，我们郁家有时帮助清廷，有时帮助小刀会，后来被清廷问罪。靠钱能通神，出了几十万两银子才免于问罪，又出了几十万两在上海修文庙，并为上海考秀才的人争取了每年多取15名"郁家秀才"和捐了个二品官。我祖父的一个叔父也就同胡雪岩那样成了一个"红顶商人"，以后勾结官府，巴结上李鸿章等。作为上海当时首富的郁家就是这一家，在我们族人中间叫做"大郁家"；而我们这一支后来成为大财主的弟弟的后代，便叫做"小郁家"。"大郁家"在上海有钱有势，"小郁家"就是大郁家的附庸，靠"大郁家"过日子。高阳笔下写的"郁老大"就是"大郁家"的人。

下面单讲讲我的直系祖先——小郁家的祖宗。上面已经说过，那位发迹的老祖宗的弟弟就是我祖父的祖父。他是家谱中的五世孙，我是九世孙。他拥有的地皮、住的房子就是他的哥哥帮助和后来他的侄子孝敬他的。不过到我的祖父时，"大郁家"已经衰落，就靠不上了。我家高祖，家谱里也说是经商的，但不是当老板，而是当他哥哥和侄子字号里的伙计。我的祖父干什么职业，我就说不清楚了。我家根本不是什么书香门第，而是铜臭门第，向来是重商轻文。我父亲因为偶然的原因进了洋学堂，在宣统二年（1990），从上海兵工专门学校毕业。刚毕业，就赶上辛亥革命，就革掉了他准备被派往英国深造的前途。他的同班同学中倒是出了几个名人——严独鹤和吴蕴初。一个在文坛上，一个在实业界，应该说是当时上海滩的名人。而我的父亲宣统二年以少校衔毕业，到抗战爆发前，在河南开封一个兵工单位成了中尉衔的一个小官员。他一生潦倒。

我出生四个月后到了北京，那时家父在北洋政府兵工署当小官员。三岁多我又回到上海，上到小学五年级上学期又随家去北京。在北京学到高中第一学期又到上海，在大同大学附中和本科学到大学二年级，又转到北平清华大学物理系三年级。所以前后算起来，在上海只生活了12年。但是因为我是上海土著，在思想感情上、社会关系上同上海的关系还是很深的。我家又是上海的一个望族，在上海的亲戚非常之多。我父母告诉我，只要是老上海，可以说一定是我们家的亲戚。当然可能是转好几个弯的亲戚，但毕竟是亲戚。我母亲活着的时候可以说出许多亲戚关系来，我就说不清楚了。比方说北洋政府拥戴袁世凯做皇帝的十三太保之一的唐在礼就是我家的亲戚，怎样的亲戚那就全说不清楚了。但是既然是亲戚，有时就会有些往来，我同唐在礼就见过不少次。还有一个人，此人说起来大大有名，那就是"五四"运动中被公认为卖国贼的曹汝霖。此人如果按照我过继给我大伯父这一支的关系来说，他就是我的亲表舅，也就是我过继的母亲的亲表弟。他也是上海人。据说我很小的时候在北京时——当然是"五四"运动之前，一次他见到我，还指着我说："这个小孩将来有出息。"不过"五四"运动的力量真大，在"五四"运动之后，他的表兄弟都不理他。一次他登门找我舅父（还是按照过继的关系来说），被我的舅父用门闩打了出去。这是我对上海当时社会有比较多的知识的第一个原因。

我住在属于我的一个曾祖父传下来的房产的那一片住房里。那里住的人，不但人数不少，各阶层干各种事的人都有。我的父亲，他是个"书呆子"，在那个环境中是非常特别的人。在我的邻居中有好多种类型的流氓，有干各色各样的勾当（可能参加绑票、作红丸等活动）的犯罪分子，有政治投机分子，有搞实业的，也有属于工人阶级的人等。在第一次国内革命战争期间，我们党的党员，又是国民党上海市党部的商人部长林钧就常到我们住的那个地方来，我见过他多次，因为他来我们住的那个地方接近的是我很不喜欢的那些人，因此我连这个林钧也不喜欢。后来新中国成立后有一次我问了一下党中央交通局的王凯局长，他知道这个人，说林钧在"四一二"后就消极脱党了。有人告诉我，蒋经国还到过顾家弄那所住宅，这是住在那里的我的一个堂姨夫告诉我的。我经常可以接触的那许多人组成的那个圈子，的确是我的社会大学，它给了我许许多多社会知识——上海社会的知识。由于经常接触各种人，许多人的特性就摸得很透，许许多多人都是写小说的最好人物原型。真可惜我没有写小说的才能，否则把我观察到的那个小环境中的形形色色的人和事作为材料，一定能写出有关上海社会的内容很丰富的小说来。这是我对上海当时社会有比较多的知识的第二个原因。

第三个原因是，从回到上海家中读书起，我家已经没有力量供我上学了。这时候我开始在上海"打工"。我15岁从北平到上海时，有一个亲戚正为一个化学工业社生产牙膏，他很会做生意，产品行销天津、东北等地，可是做出的牙膏不久就干了，挤不出来。他就要我想办法，我就跑东方图书馆查化工手册，在处方中加上了些甘油，这牙膏就不干了。于是我在他身边的小圈子里就出了名。又有一个人想办化学工业社，我就给他出了个主意，生产一种媒染剂——"土耳其红油"。于是我就在那厂里当了一名技师。他给我钱，我建立了一个化学试验室，为他开发了一个又一个产品。有的成功，有的没有成功。在上海上高中和大学的三年中，我做过的社会职业有翻译化工资料、当家庭教师、在高中和初中当教员等。这样，我接触的社会面相当广。

第四个原因是，我对观察社会很早就发生了兴趣。我在上海随时随地都在有意识地观察社会，对听到的社会情况都用心去记。人家不知道我为什么经常注意这些事，其实我是在有意识地研究社会。我看到什么、听到什么就同我的好朋友议论、分析。他们听了也津津有味。我记得有一次，我同一位朋友，上午带了干粮就去八仙桥的大世界，在那里一直待到很晚，目的就是一个，去观察所见的一切现象。一天下来，看到有趣的事情真不少。此外，我有一段时期还颇有点侠义心肠，对社会上不平的事情就特别敏感，有时就介入社会生活的斗争中去，同流氓、同警察、同外国人都发生过一些冲突。有的事还登在当时上海的报纸上，而且登在头版头条，并且在林语堂编的《论语》中有过评论。

还有一个原因，我在上海还多少参加一些革命活动，搞了点与党没有什么关系的自发性的活动，也同党的外围组织有过一点关系。

不过我毕竟在上海住的时间不是很长，自从1934年我转学去北平清华大学后，我没有在上海连续住上两个月以上的，1935年、1936年的暑假，1937年的二三月间，我都只在上海小住。整个抗战期间、解放战争期间，我都没有到过上海，这一段时间里上海的情况，对我来说就很陌生了。解放后，我也还没有在上海较长时期地居住过。因此我比起常住上海的人，和在上海长期工作的人来说，就称不上什么"老上海"了。我只是特定含义下的"老上海"。

1991年12月31日23时
于北京医院

关于城隍老爷出巡的情景，我想就我的印象作一番描绘。城隍是阴间的县长，它的出巡对于本县居民当然就是一件"大事"。上海的那些想趁机弄点钱的人就来组织这样的活动。这个活动吸引了许许多多人上街观看。走在最前面的队伍是扛着肃静、回避牌子和鸣锣开道的先行队伍，接着就是分司组织的浩浩荡荡的队伍。分司组织的队伍又有自己鸣锣开道的人，他们敲的锣是用铁丝穿在肉里的办法挂在手臂上的。他们一边流着血，一边敲锣，嘴里还吆喝着，连眉头也不皱一皱，真有点触目惊心。现在想，这里可能有弄虚作假的成分，那时可没有那么想。各个司的队伍里还有好几个刽子手，个个是胖子，光着上身，露着大肚皮，手里拿着刀。各个司也有不少皂隶，这是在司里工作的内勤。队伍里还有外勤，出去催魂的黑无常、白无常和索命吊死鬼（当然是女的）。还有很多"犯人"，穿着红衣服，这是京戏中犯人的打扮。这些"犯人"据说都是在城隍庙许下愿的。"犯人"中还有一些小孩子，也穿着京戏的服装。女孩子怎么打扮，印象不深了；男孩子是黑衣黑帽，帽上还挂一个白绒球。队伍的最后才是由判官仆人和丫鬟拥着从城隍庙抬出来的城隍老爷和他的夫人，他们一出门，游行就到了尾声。整个队伍走过要个把钟头。主要的队伍就是各司的。我还特别注意我家所在的高昌司的队伍。城隍出巡的地段，也只限于华界，租界他已经去不了了。在阴间他管辖的范围那时也包括不了被帝国主义者夺去的那些地方了。

漫说小校场年画

顾延培　段　炼

上海小校场年画,曾盛极一时,成为上海乃至江南一带百姓人家在新春佳节乐于购买和张贴的一种民俗图画,借此为佳节增添喜气和吉祥,并企盼来年好运和如意。因而,它成为继苏州桃花坞、天津杨柳青、山东潍坊和四川绵竹四大中国年画生产基地之后的一个"后起之秀"。

小校场位于上海城隍庙西边,现附近有以"校场"命名的旧校场路。此处原是操练士兵用的练武场。明正德九年(1514),由知县黄希英主持辟

上海小校场年画《弹琵琶》

上海小校场年画《五子日升》

建。清康熙五十九年（1720），提标右营全军移至上海县城，于是原来的演兵场就显得狭小，不敷练兵之用。后在城外东南方即今东江阴街以南、陆家浜路以北，另辟了一个演兵场。这样，原先的演兵场就被称为旧校场或小校场，且日渐荒废，后被市房占据，成了街市。

上海民间木版、石版年画，约始于清雍正年间，以模仿桃花坞年画为主，并以苏州桃花坞名义销售。道光年间，上海才出现真正由苏州桃花坞人制作的年画。这位年画画师姓项名梦蕉，从桃花坞迁至上海城隍庙市场创设飞云阁、文仪斋画店，自制自售年画，生意很好。这时，苏州桃花坞画师影响颇大，但由于眷恋故土等原因，不愿轻易来沪。1860年太平军由南京东进，一路凯歌。苏州桃花坞大批年画业主和工匠为避战乱，这才下定决心，纷纷进入上海，落户小校场重振老行当，使这条长不过200多米的旧校场路，在几天之内就变成了"年画街"。据不完全统计，在这条街上开设的年画作坊有四五十家之多，其中较有名的有青云斋、陆新昌、久和斋、爱莲堂、吴长兴、吴文艺斋等近二十家。

无独有偶，也就在这前后，不少有成就的外地画家如任伯年、钱慧安、吴友如等，也云集上海城隍庙市场以卖画谋生。他们思想比较开明，对于西方文化易于接受，在绘画创作上不墨守成规，勇于开拓创新。更难得的是，他们都曾主动或应邀为小校场年画店业主创作、提供年画画样。这样不仅开阔了年画画师的眼界，同时也提高了年画的质量，从而形成了富有海派特色的上海小校场年画这个品牌。

上海小校场年画的内容，以传统与创新并重。传统的年画有《弄璋叶吉》，画面上有两位古装妇女，前一位手抱一小囡，后一位站在前一位后面，手持一把团扇。两位妇女前有一小孩，右手拿一如意挂件，左手持一长枪，画面十分简洁，较好地表现了妇女儿童新春佳节的欢乐。这类传统题材的年画还有《五子日升》《抚琴》《梳妆》等，《梳妆》上还题诗一首："洗尽铅华信有神，碧莲花下美人身。华清浴罢承恩宠，想见当年杨太真。"《麒麟送子》《喂奶》等画，上题："问儿何所好，一啼复一笑。未免三年怀，味尝鸡

上海小校场年画《孙行者大闹蟠桃会》

上海小校场年画《上海通商庆贺总统万岁》

上海小校场年画《西国车利尼大马戏·空中悬绳大战》

头饱。"创新的亦即反映当时社会风情的有《上海通商庆贺总统万岁》，画面上画有洋人舞龙、国人舞狮、旗锣伞盖以出会形式庆贺，路边张挂各国号旗灯，还有打扮成古代文武官员骑马列队欢迎，场面热闹。这类时事新闻题材的还有《湖丝厂放工抢亲图》《西国车利尼大马戏》《新刻苏州虎丘山景致灯船图》等。此外，还有以神话故事为题材的，如《包龙图探阴山》《孙行者大闹蟠桃会》等。

上海小校场年画最受人欢迎且最有文化遗产价值的，要推其中的新寓言故事年画了。这种年画可谓独此一家别无分店。因为它表现的是鸦片战争后，上海等城市成为列强入侵开埠的目标，处于动荡不安时期，年画作家对此甚为不满，但又不能直接面对，只能借古讽今。于是出现了如《新出改良西洋老鼠嫁亲女》年画，套用传统的老鼠嫁女故事，描绘成群的洋老鼠向大花猫送死而终被消灭，借以反映中国人对外国侵略者的嘲讽和憎恨。又如《无底洞老鼠做亲》年画，画面上成群人形老鼠新郎、新娘以及抬轿子、吹鼓手仪仗队，全都身穿清代服饰，头戴花翎帽，以讽刺清王朝走向穷途末路，暗示革命运动风起云涌，中国正处于改朝换代的剧烈变动中。

这些时事新年画不仅深受上海市民欢迎，在江浙一带也很有市场。特别是对广大农民而言，大城市那些形形色色的交通工具、蓝眼高鼻的外国侨民、来自西方的新式礼仪等，无不使他们感到新奇奥妙，耐人玩味。又因为时值清末，摄影技术尚未普及，年画便是当时唯一能形象直观地传播这些新事物、新景观的艺术媒介，自然就成了百姓家中的"座上客"了。

老城厢消逝的行当

蒋定栋

我的外祖父徐菊如是旧时南市蓬莱路上海报关业公所的创始人。我从小生长在老城厢里,对城里的各种行当非常熟悉,其中虽然有不少行当随着岁月的流逝已经不见了,但这些行当所含有的特殊历史风味却时常泛上我的心头,引起我的一些回忆。今天有幸借《上海滩》一角,凭记忆叙述一二,以飨同好。

走梳头

旧时上了年纪的妇女们都留长发,在脑后盘一个发髻,有"横爱司"型、"直爱司"型、"蟠龙"型等,由此产生了"走梳头"这一流动职业。操此业者都是中年以上的妇女,每月以包月工资形式,按月向东家结账。每天上午,在老城厢的弹硌路上,在熙熙攘攘的人群中,人们都会看到脑后发髻上横插着一支约16厘米长的红色骨簪的"走梳头",串街走巷,疾步赶往各自的东家去梳头。东家称呼她们为"梳头娘姨"。她们一般与东家相处都很好,

梳头娘姨在为人梳头

通常是一边替东家梳头盘发髻，一边与之聊天，彼此都很亲热。这活儿常常要忙上半天。手脚麻利的，一个上午可走好几家。如逢主妇家某日要外出应酬，可事先告知她提早来梳头，她就会自行调度，准时到达，不会失信。

车玉器

"车玉器"是指从事琢磨翡翠、岫玉等饰品的个体劳动者。他们自备简单的切磨工具，承接来料进行加工。老城厢里有许多珠宝店、交易公所和个体珠宝商人，都是"车玉器"师傅的顾主。在大街小巷深处，不时传来阵阵钢片与玉器的切磨声。在广福寺街那条短短的小巷里，就有一位姓张的老者，坐在高凳上，他的切磨工具是一片圆齿轮钢片，下面放着一只水盆，他像骑自行车般脚踏两片木板，用皮带拖动钢片进行切磨。姓张的老者为人规矩老实，手艺精湛，认真负责，故而得人信任，他育有子女九人，也能安稳养家。

珠宝客人

晚清中药店

侯家路上有三个珠宝交易的集市，俗称"珠宝公所"，两个是苏州籍商人的，一个是南京籍商人的。大石门头上嵌着青砖雕的"珠宝汇市"四个大字，里面聚集了上海珠宝业中的大人物。汇市按一定的时日进行交易，届时公所内外人头济济，有珠宝店的当手先生，也有买卖珠宝的个体户，俗称"珠宝客人"。他们大部分住在南市，代代相传，专跑大户人家兜售珠宝饰品，或受顾主委托进行卖出买进业务，讲究信誉，没有赝品，就是不进行交易，也会不时到顾主家请安问好、传达行市、介绍新品种，联络感情。因为他们是顾主家中的常客，所以顾主招呼他们时，不论男女，都在他们的姓氏下加"客人"两字，例如"张客人""李客人"，是此行业中通用的称呼。他们到顾主家串门，都坐着自备的"包车"代步。这种包车是一种外形与黄包车相似的人力车，但结构和质量非常精致，两个锃亮的钢丝车轮，紫铜挡泥板，左右两只照明烛灯，漆黑光亮的车座，雪白的坐垫靠背，这些"珠宝客人"坐上去煞是神气。

送红白帖

当年，老城厢还有一个行当，叫作"送红白帖"，即是专门为人递送婚丧礼仪通知的。那时，喜庆送的是梅红帖子，丧事用白色帖子。他们各有一定范围内的老顾主，顾主也只找这个熟悉的送帖人，因为他们对老顾主所来往的亲朋好友的居住地址了如指掌。顾主交给他一叠帖子，只要在封套上写着收件人姓名，当场付给递送费，"送红白帖"自会万无一失，全部送达。这种方式类似邮局投递，但可省却详写地址之烦，又可避免无法投递之忧。老城厢里凡举办较大礼仪活动的人家，颇热衷于此投递方式。

郎中出诊

请医生上门出诊，居民们都称"请郎中"（大都是指请中医）。郎中大多居住在老城厢，如方浜路上的夏应堂、殷受田，大境路晏海路口的朱星江，老北门福佑路口张衡山下一辈的张益君、张益甫、张志英及张志雄，三牌楼的陈筱宝等，都是名中医。一般上午门诊，下午出诊。请求出诊者须上午去医生诊所挂号，向挂号人员告知病家地址，付好出诊费，挂号人员另给来人一张小方红纸，上面写着病家姓氏，回家贴在入户门口处，作为一种指引标示，便于医生上门。届时，先由医生的雇用人员在医生到达前数分钟，前来通报，让病家有所准备。如此这般依次通知病家，时间非常紧凑，效率很高。一般名中医出诊随带门生，各坐包车疾奔而至，经医生"望闻问切"后，随即口述脉案，再述药名、用药分量及帖数。门生只是埋头听录，最后经医生审核，并向家属叮嘱有关事项后方才辞别病家。

四牌楼的"申泰行头店"

汪丽筠

上海开埠后,全国众多剧种和名角纷纷来沪演出,为其服务的戏剧服装行业(又称行头店、戏衣庄)也获得较大发展。清光绪二十年(1894),我外祖父就在上海南市(今并入黄浦区)四牌楼开设了一家牌号为"申泰"的行头店,专门制作经营戏剧服装、彩旗、伞盖、飘带等"行头"。

双开间临街铺面"作台板"五彩缤纷

据我母亲讲述,我的外祖父胡云卿是徽州休宁县人,约生于1868年。15岁从徽州家乡来到上海,在南市一家牌号叫"叶生泰"的行头店当学徒,照例拜老板为师傅。三年满师后,仍按惯例,在店里"帮师"三年当伙计。师傅对待学徒很严厉,不仅在学习技艺上要求很高,在日常生活上也很苛刻,因此,外祖父和别的学徒都吃过不少苦。外祖父省吃俭用,直到近30岁才有了一些积蓄,便与一个师弟邱金生合股开办了"申泰行头店"。但邱金生的股份很小,平时也很少来店里,只有我外祖父独自经营着。

那年代的南市"四牌楼"(今四牌楼路)是条狭窄的南北向的长街,石子路面,只有一丈多宽,加上两旁的街沿也不到两丈,却是当时相当热闹的市井。沿街两边开设着各类店铺和作坊,"申泰行头店"就是其中的一幢砖木结构的两层小楼房。母亲还记得其左邻为"帽子店",右邻为"洋金店"(即制作盛放化妆品的梳妆盒)。店铺楼上住着外祖母和我母亲、舅舅、姨妈等人,楼下就是行头店的铺面。

铺面临街双开间,前后两进,两进中间安装玻璃天棚连成一片,后面还有一带披屋作厨房和杂物间。左右两方铺面装着木板排门，中间进出口用木栏杆隔出过道，两扇店门是可以活动开关的，晚上关门后则加条粗门闩。白天，铺面的排门和店门是全打开的。左右铺面都摆着长长的"作台板"，板上摊着正在画样、裁剪、缝纫的五彩缤纷的戏装、彩旗、伞盖、飘带等。老师傅和学徒们总是忙忙碌碌、聚精会神地做"生活"。店里雇佣着管账、裁剪加工师傅、伙计、学徒和厨师等10人左右，在当时可算规模不小的店铺了。

大主顾多为名角　做生意待人和气

上海老城厢街市

"申泰行头店"的主要顾客是南北京剧名角。他们来定制个人特备的戏装时，不仅数额大，而且豪爽大方，只要质量满意，能定期交货，并不斤斤计较货价，按期送上货物时，往往还额外给"赏钱"，因此行头店赚钱也很可观，往往有对半以上的利润。至于一般戏院、戏班所订的"班底"戏装，则都是质次价廉的"大路货"，供"开锣戏""跑龙套"之用，而且不到旧得不能使用也不添购，因此，订货数额不大，利润也很有限，大都是搁在营业清淡时做。

外祖父早期接待的大顾客，有京剧名角梅兰芳、盖叫天、小三麻子等，他们都到"申泰行头店"去订过货，外祖父同他们都相识。我母亲、舅母、姨妈也曾见过这些名角，但外祖父不许她们下楼来，她们只能在楼上的窗户里偷看。外祖父性格沉稳，待人和气，接待来客总是带着笑意，听对方说话时微微点着头。有时双方对价格、交货时间等似乎谈不拢，来客可能急躁起来，他也不急，依旧和气地说："老顾客嘛，好商量……"于是提出一些交换条件，同时作出适当的让步，生意也大都做成了。此外，同行朋友以及邻居来串门，他也照样倒茶敬烟，陪伴说闲话，有时还留便饭。他平日对店里的伙计、学徒也态度随和，只有在发现了他们做错了事或者耽误了"生活"时，目光和说话才严厉起来。伙计、学徒们都很敬畏他，不敢"豁边"（沪语，越轨、出错）。因此，"申泰行头店"不仅生意兴隆，在顾客和同行中也享有较好的声誉。

逢"三节"讨账不易　外兴隆内里亏空

按照当时行业的规矩，顾客的货款照例都是暂记在账上，逢"三节"（端午、中秋、近春节）收款。可是，那些名角大户记在账上的货款，往往逢"三节"也不一定能要到，他们有时仅把手一摆："老板，下节总算吧！"去要账的外祖父就得含笑说："好！"丝毫不敢得罪"衣食父母"。下一个节再去索要时，也可能还是这样，外祖父仍得赔着笑脸，最多讲一些店里的苦情，请求先随便赏付一点。这种情况很普遍，其他行头店和戏衣庄也都如此。但所有的店老板都不敢与大主顾闹翻，生怕一旦闹翻，不光账要不到，再传出去，别的名角大户也不来光顾了。

行头穿戴整齐的京剧演员

因此，"申泰行头店"的经营状况，从表面看还很兴旺，账面上也年年有盈余，只是应收未收的欠账很多，越积越多，到20世纪30年代初期，这家店实际上已是年年亏损，靠拆东墙补西墙勉强维持着。

不过，母亲曾听外祖父说，当年这种欠账也并非是"烂账"，大部分还是能收到的。因为名角们一旦得到"包银"（"包银"也是按"三节"发放），手面就很阔绰，有时不但还清以前积欠，还额外给不少"赏钱"。可是，你得摸透这些名角顾主的脾气，还要相准时机。错过了时机，他们往往已把"包银"花光，又得等下节了。当时，"申泰行头店"的困境就在于外祖父已经年老体衰（时已50多岁，还患有气喘病），不能再像年轻时那样每天出去与同行以及戏院、戏班中人应酬，听信息，摸行情，因而一再错过时机，欠账也就越积越多了。

然而，即使欠账要不回来，"申泰行头店"对外"放生活"的工钱却是不能拖欠的。因为"申泰行头店"接下的定货，除了店里自己负责裁剪、粗加工和最后缝纫外，许多精细的刺绣、盘金、银线等活计，都由专门"放生活"的阿雄师傅发到苏州去做，逢"三节"必须按时结算发工钱。否则，苏州不接刺绣等活计，"申泰行头店"也就交不了货。因此，尽管店里经济困难，还是得东借西凑来发外包的工钱。结果，亏空越来越大，外祖父的困境也越陷越深。

更不幸的是，与外祖父合股的师弟邱金生去世了。其儿子却是个好吃懒做的浪荡子，诨名"跷脚和尚"。他常到"申泰行头店"来借零花钱使用，不给就大吵大闹。外祖父怕外人见笑，只得一次又一次地迁就他。但这种"借钱"没完没了，闹得外祖父寝食不安，心灰意冷。最后，外祖父不得不听从我舅舅和我母亲的劝说，于20世纪30年代中期，忍痛把"申泰行头店"盘让给别人了。据说清点下来，除了不可能再要回来的一大笔欠账外，几乎没有什么多余的资金了。外祖父从此一病不起，于1936年离开人世，享年60岁。

吉安茶楼琐忆

郁德明

20世纪50年代初,"共舞台"大戏院公私合营后,父亲在离此步行约15分钟路程的老西门——肇周路吉安路口找到了房子。据父亲讲,解放前这里是法租界,原先吉安路肇周路口还有一扇很大的租界铁门。那头到复兴路口,有座"法藏禅寺",是和尚诵经讲学的地方。1948年,我生在"共舞台"。5岁那年,全家搬出了"共舞台"。就在这所老房子里,我生活了17年。

豪爽和气的茶楼老板

说起老房子,那是一个茶楼老板荀先生的住家。共20平方米的前后通

昔日的吉安茶楼如今已是饭店

本文作者幼年时与父母合影

楼,房内是荷绿色的油漆墙面、棕红色的落地窗户和花色铸铁护栏。可惜在全民炼钢的"大跃进"年代里,有人架梯上楼,砸掉了铸铁护栏,害得我家三天不敢开窗户怕掉下去,后来只好改钉木栏子以避免危险。当时,整条街的二楼铁护栏都被砸掉去炼钢。

荀老板长一张国字脸,肥肥胖胖,为人豪爽和气。他不仅将房子租给我家,连全套的老红木家具都廉价卖给我父亲,其中一个老红木雕花大橱只要了120元。

前门出去是一个弧形五开间茶楼,紧靠家门的是雅间,现在叫包厢,布置得很雅致。紧靠西窗,摆放着硕大的棕黄色仿明八仙桌椅。东面墙上挂着两幅1米多长的红木相框,上面是荀老板祭供的一对先人的照片。长条香案上摆着一个红木树根大香炉,南北墙挂满了各式各样的鸟笼,圆洞门边还配了一部电话机供茶客使用。

雅间的圆洞门外是个大厅,是如今称作中产阶级的聚会场所,经常会有些卖唱的来此献艺。有手持渔鼓简板唱苏北道情的,还有一位身穿素色旗袍的中年女子常来唱京剧《洪羊洞》《空城计》等余杨派老生段子。唱完一曲后,老爷阔少们都会给点赏钱。

另外,在此喝茶、聊天、谈生意的人也很多,一派热闹场面。下午,茶市生意就相对淡了点。楼下外厅左侧是"老虎灶"给居民供应开水,右侧及里厅是脚力行的车夫以及做小本生意者歇脚喝茶的地方。夏季,一楼里厅则开"盆汤"供人洗澡,花8分钱,大木盆随你泡多少辰光。

骑着"老坦克"来看鸟的舒适

茶楼里顾客很多,生意红火。除了雅间外,整个茶楼的其余墙上、房梁上都挂满了各式各样的鸟笼。名贵的鸟种应有尽有,如绣眼、芙蓉、百灵、画眉,还有一种会咬斗的黄腾鸟。而那些大大小小、形状各异的鸟笼让

舒适与妻子慕容婉儿、儿子合影

我十分痴迷,大的百灵鸟笼可以伸缩,一个十来岁的小孩都可以站在里头。鸟笼十分讲究,鉴别鸟笼的价值,首先要看它的青铜笼钩、笼体、食缸、跳杆是哪个朝代的,就像识别青铜器和瓷器古玩一样。大人们在眉飞色舞地神侃,我们则蹲在边上听得入迷,久久不愿离去。每到星期天更热闹,上海一些演艺界名流、巨商都会聚集在此。

当年上海滩颜料大王孙老板,带着女佣,每周必来。老爷子银发平头,穿一身咖啡色的高档料子中式衣裤,微胖白净的脸上稍添了几点寿斑,手持一根雪茄,见人面露微笑,很有气度,很福态。女佣大约30多岁,窈窕身材配上一套黑色大襟的香云纱衫,右肩的琵琶扣上插了一枝白兰花,头上用刨花水刷得铮亮,扎着发髻很漂亮。两人在一起真是相得益彰。而他俩每回来茶楼,都有自备车接送,派头十足。

电影艺术家舒适则很朴素。他总是骑着那辆"老坦克"(沪语,旧自行车)来看他托养的那只"绣眼"。我们这群孩子知道他是电影《红日》里的国民党74师师长张灵甫的扮演者,于是总围着他,要他讲电影故事。印象中,中年时期的舒适,气宇轩昂,不同凡响,我们这些小孩见了他都肃然起

1929年，黄桂秋（左立者）与马连良先生在北京的合影　　黄桂秋在京剧《别宫祭江》中的剧照

敬。1964—1965年举行华东京剧现代戏观摩演出，父亲单位新华京剧团（原共舞台京剧团）创作了现代京剧《龙江颂》，请舒适来当执行导演。他在一次剧团会议上讲了他与京剧的渊源：他小时候，父亲曾想让他入梨园行跟梅兰芳学戏，没想到日后个子越长越高，无奈吃不成这行饭，后来就去搞电影了。

京剧黄派创始人黄桂秋十分爱鸟，也是吉安茶楼的常客。父亲指给我看，这位就是黄桂秋先生。黄先生一表人才，"卖相"很好，一看就是演艺界人士。小时候，我们根本不懂什么是黄派艺术，就知道上海有个麒麟童，还有一位麒老派的学生，号称"江南一条腿"的文武老生王少楼。倒是前几年，人老了，偶尔也听听黄先生的《春秋配》录音，这才领略了他独特的艺术魅力。

整日笑嘻嘻的养鸟人

受孙老板、舒适先生所托而代为养鸟的那位宁波老人叫密通泉,当年已60多岁仍孑然一身,住在南市(今并入黄浦区)老城厢里。老人长得像越南人,茂密灰白的平头,衬着一张黑瘦的脸堂,微躬的身躯,总是笑嘻嘻地露着他那残缺不齐的牙口,让人感到和善可亲。养鸟是他的专业,十分在行,他专养"绣眼"与"黄腾"。由于平日为人谦和,又有丰富的养鸟经验,找他"托管"的人很多。

一辈子没有结过婚的他,却特别喜欢孩子,所以我们这群孩子十分得宠。他隔三差五地煮了鸡蛋,把蛋黄叉给鸟儿吃,却悄悄地把蛋白分给我们吃,还轻声叮嘱道:"不要让你爸妈看见哦!"

密老爷子一年四季穿着那件褪了色的蓝卡其布中山装,夏季实在太热,才勉强穿件和尚领老头汗衫,留着长长的指甲,拿着一把蒲扇,坐靠在北面墙我家门口边,不停地摇着扇子。

他老人家吃东西比较讲究,每天在我家炉子上做菜烧饭。做两顿,吃了早晚饭就回家。他做菜用白酱油(现在的鲜酱油),红烧的则喜欢用虾子酱油,我们还时不时从他那里揩点油。至今我爱用虾子酱油蘸着吃东西,这习惯恐怕就是受他密老先生的影响。

老先生还有个职业习惯,每到星期日,一早就把挂在雅间南北墙上的鸟笼洗刷干净,给鸟洗浴后,往鸟笼里叉上蛋黄、苹果和皮虫等食料,恭候它们主人的到来。

"文革"初期"破四旧",茶楼被迫停业,各种鸟笼子都被红卫兵堆在马路中间烧毁,一位养百灵鸟的驼背老人哭天抢地般号啕大哭,但围观者没人理会他。密老先生和其他几位老人,蹲在路边暗自伤心落泪。我心里难过但不敢靠近,远远地望着他背着手、躬着背伤心地离去,从此再没有见过他。

令人着迷的评话艺人王柏春

吉安茶楼白天供玩家赏鸟品茶，晚上作为书场对外开放。这里主要是说大书（评话）。我从小听书成瘾，为躲过茶楼"跑堂"鹰钩鼻老马头，开场前我早早拿好小凳，躲在茶楼西侧的大烟囱后面，不花钱听书。

印象最深的是苏州评话艺人王柏春，年龄约40岁，满腮胡须刮得干干净净，一身质地考究的青灰色长衫，两袖翻着白里，显得飘逸潇洒。他是中等身材，但在我们孩子眼中，已显得高大挺拔，更兼有一种英武之气。他的《七侠五义》，说表十分形象生动，尤其说到"五鼠闹东京"，铜网阵中锦毛鼠白玉堂被擒时，他的念白、功架，精、气、神十分到位，大有麒派风范。他嗓音洪亮略带沙音，底气充沛，念白沙哑苍劲，赢得听客们的一致好评。要是唱麒派老生绝对是块好料，我十分崇敬他。也有别的评话艺人来说过书，都觉得没他好，没他讲究。茶楼门口只要挂起王柏春的水牌，当晚肯定叫座。有段时间我患了"红眼病"，每晚早早做完作业，戴着我爸的墨镜仍"准时出席"听他的书。

几年里，我听了全本《七侠五义》《隋唐演义》《封神榜》《西游记》《杨家将》《三国演义》《济公》《岳飞传》《乾隆下江南》等评书。到了"文革"前夕，上面号召抓阶级斗争，批帝王将相、才子佳人戏，书场因上座率差就停办了。

"文革"风暴一起，吉安茶楼也随之停业了。"跑堂"老马也改行去烧"老虎灶"了。

此后，吉安茶楼被隔成一间间不规则的住房，给饮食业的家属居住，"七十二家房客"由此形成。茶楼里那些仿明清的八仙桌椅、长条凳及说书的几案、屏风和红木树根大香炉，都不知去向了，但它却深深地印在我的脑海里。

黄知县创办电灯厂

沈晓阳

上海有电灯始于清光绪八年（1882），这是英国商人在南京路江西路西北角（今南京东路190号）创办的第一家小型发电厂，将电灯技术应用到上海租界。而当时闭关自守的清政府上海道台，面对这一"送上门来"的新

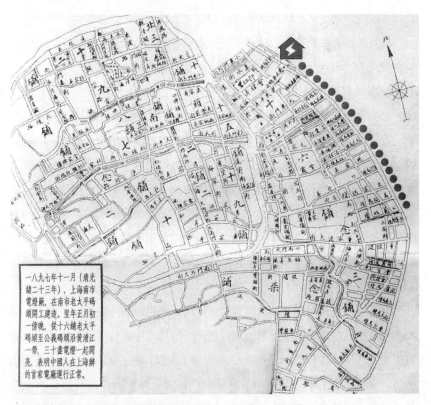

一八九七年十一月（清光绪二十三年），上海南市电灯厂，在南市老太平码头开工建造。翌年正月初一傍晚，从十六铺老太平码头至公义码头沿黄浦江一带，三十盏电灯一起开亮，表明中国人在上海办的首家电厂运行正常。

最早的中国官办上海南市电灯厂位置图

技术，不但不模仿学习，相反，于同年10月间还发出通知，以"电灯有患，如遇不测，将焚屋伤人"为理由，下令禁止中国人及华界使用电灯，并照会英国驻沪领事馆停用。上海道台的这一愚蠢的举措，立刻引起了当时华界绅商及有识之士的强烈反对。

为了改变上海华界无电灯的落后局面，清政府于光绪二十年（1894）调黄爱棠任上海知县。

黄爱棠（1842—1909），原名黄缙，又名承瑄，号爱棠，湖南湘东下埠镇人。1884年，他到江苏东台县当知县时，当地洪水泛滥成灾，人民生活贫苦不堪。为根治水患，他亲自踏勘地形，筹集款项，率领当地人民修筑了一条90多里长的堤坝，挡住了洪水，使沿河60多万亩农田免受水害，年年丰收，人民安居乐业。当地群众为纪念他这一功绩，将长堤命名为"黄公堤"。

黄爱棠到上海后不久，就多次到十六铺等地察看市情。当时十六铺地区是中国最大的内河航运港口，客运货运频繁，码头林立，商号鳞次栉比。但由于使用的路灯还都是人工点燃的老式油灯，马路上和商店里不但光线暗淡，遇到刮风下雨路灯还会熄灭。于是当地居民一到傍晚都纷纷去租界购物、看灯。这样就造成了租界里热热闹闹、华界却冷冷清清的局面。与此同时，十六铺码头夜航也受到严重影响。黄知县目睹这一现状后，即与当时上海海关道宪蔡和甫商议，决定"参照租界办法"在华界闹市区创设电灯，以繁荣县城商业，振兴南市（今并入黄浦区）市面。为此从道库中拨银4 000两，准备雇请工匠建造电灯厂，同时派员向沪北英商怡和洋行租借蒸汽发电机1台，还聘请该行技术部经理大罗司（A·G·Dallos）担任帮办，于1897年下半年起开工兴建。

但电灯厂究办在何处，路灯如何走向，确也颇费一番周折。原来，蔡和甫打算把设在南码头附近的行农坛迁走，改建成电灯公司。灯线从江南制造局（现江南造船厂）一直接到江海北关（现汉口路外滩）。这一地段道路平坦，施工省时省料，也可节省些银两，但离十六铺闹市区较远，市面冷清，商店、码头少，安装电灯实用价值不大。后经黄爱棠和大罗司商议，决定将厂址改在十六铺港口附近的老太平码头（现老太平弄处）。其优点是：第一，此地属十六铺闹市中心，商铺、码头林立，电灯需求量大；第二，靠近黄浦江边，发电机组供、排水方便，水路运送燃料及灰渣快捷。为此在老太平码头边选出一块空地，经过数月时间，终于建起一座小型发电厂，后定名为"南市电灯厂"。中国人在上海终于有了自己创办的第一家电灯厂。

官办南市电灯厂于当年除夕（1898年1月21日）傍晚在十六铺老太平码头建成试灯。那天晚上，黄爱棠带领大小官员亲临现

原商办内地电灯厂遗址，创办时南市电灯厂折价并入

场观看，当时情景甚为壮观。《申报》曾以"光明世界"为题，用"日坠崦嵫，电光大放，九衢四达，几疑朗月高悬"等语，热情而又自豪地报道了这个消息。从第二天晚上起，从老太平码头至公义码头沿黄浦江一带30盏电灯一起开亮后，致使十六铺市面有了显著改观，商店生意比往日增加数倍。每当华灯初照，前往十六铺购物看灯的人便络绎不绝，各商号门庭若市。

这座电灯厂建成后，隶属于南市马路工程善后局领导，开始时由该局委员朱森庭负责经办。光绪二十九年（1903）改由新任善后局总办翁子文负责操办。翁因为"电厂离总局太远，不便稽查"，便提出迁厂。最后选定十六铺港口南面的行仁码头处一块空地（今行仁里）为厂基，花银4 356.38两，建造西式厂房4间；还花银13 455.74两，通过荣华洋行向国外购买能供应1 400盏电灯的发电设备1套；同时将原先租借的1台发电机组买下，全部拆

十六铺早期的路灯

迁至新厂使用,并聘请荣华洋行一名工程师帮助安装,于当年10月30日建成发电。负责建造行仁码头电厂的翁子文,将电灯推广发展到十六铺大码头和里马路等处,并派警察照看。不久又将电灯安装到商店及里、外咸瓜街,南市电灯已从原先单纯用于马路或官府机关照明,逐渐推向商店民用,并开始以警务名义向沿马路商店收取灯捐。1904年翁子文下令,对电灯进行全面更新,并拨银4 800两,将旧灯全部换上洋铁皮玻璃灯罩的新灯,使照明设备与两个租界"并驾齐驱"。至光绪三十二年(1906)四月,南市电灯已发展到1 010余盏,与租界电灯形成三足鼎立之势。

由于黄爱棠政绩显著,清政府曾两次拟将其调任别处,都被上海士绅民众再三挽留,一直在上海当了7年知县。

新衙巷：上海"第一街"

周新民

新衙巷的历史和路名沿革，是值得回味的。

1843年11月14日，上海首个外国领事机构——英国驻上海领事馆在老城厢东门到西门当中靠近城墙的姚氏房屋中开馆。三天后即11月17日，上海正式开埠通商。三个月后的1844年2月，英国领事馆搬到老城厢东西大街新衙巷顾氏住宅"敦春堂"。直至五年半之后的1849年7月21日，英国领事馆启用在外滩建造的新馆。有些文史资料上，将外滩新馆作为英国驻上海领

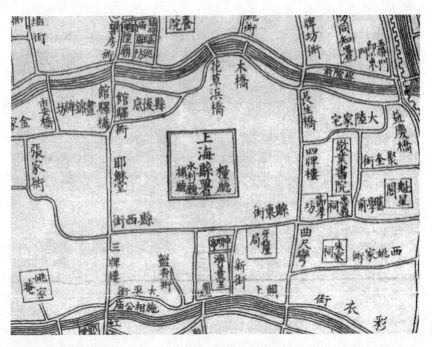

1884年的老城厢地图

事馆首个馆址，这是不对的。因为在此之前的六年多时间里，英国领事馆已经在包括新衙巷在内的两个地方设立了馆址。

筑路早在700年前

当今，若谈起上海滩的南京路，人们不免与"上海第一街""中华第一街"相联系。然而，南京路并不是最早的"上海第一街"。老城厢的"新衙巷"才是最早的"上海第一街"，这在明代《弘治上海志》中得到佐证。

《弘治上海志》是明代学者唐锦于弘治十七年（1504）修成，共八卷，是现存最早的上海县志。该志久佚。1932年秋，上海成立通志馆，馆长柳亚子尽力搜求，终于在宁波天一阁发现该县志孤本，民国二十九年（1940）由中华书局影印出版，幸以得传。

在《弘治上海志》卷二"镇市·坊巷"中，记载了老城厢的五条街巷：新衙巷在县南，新路巷在县西南，薛巷在县西，康衢巷在县南，梅家巷在县东南。

史料记载，上海立县始自1292年，至今已700余年。最初的县衙以上海镇升充。古上海镇衙在今小东门外咸瓜街老太平弄处。立县第八年后，县衙向西迁移约500米，在今光启路北段、学院路中段设立县治新署。与新署左右相邻的有粮厅、水利厅、捕厅等，新署对面则是牙厘局、申明亭等县治机构，于是新县署门前的东西向的大街就被称为"新衙巷"。据记载，上海老城厢至1292年，只筑了上述五条街巷，新衙巷为五巷之首。

南宋末年咸淳年间（1267年前后），上海建镇，镇上以市舶司署（即后来的县署，位于今光启路北段）为基点，市容逐渐繁华起来。上海镇位于吴淞江支流上海浦的边上，它襟海带江，舟车辏集，坊表矗立，桥亭错落，官署、儒塾、佛宫、贾肆鳞次栉比，是华亭县东北的优良港口，面积2.04平方公里，人口不足一千，而镇上就有"新衙巷"等五条主要街道。它们都集中在今上海市区中华路以西、以北，河南南路以东和方浜路以南的范围内。此

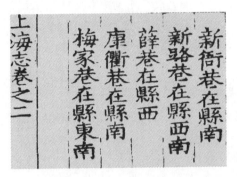

《弘治上海志》中记载的五条最古老的街巷

后270余年，未筑城墙。

直至嘉靖三年（1524），知县郑洛书监修的《嘉靖上海县志》中记载，上海老城厢除《弘治上海志》中记载的新衙巷等五条街巷外，又增加了五条，即观澜亭巷、宋家湾、马园弄、姚家弄和卜家弄。这种格局延续至明末清初，上海县城一直仅有10多条小街巷，人称"小苏州"。因官宦望族热衷于兴建坊表，民间又有小船水路畅通，官民都不急于辟路。至清代康熙年间，老城厢街巷共13条；乾隆、嘉庆时，因商业兴旺，街道增至64条；鸦片战争前夕，增为百余条，大都为宽不足2米的狭街小巷，只供行人、轿舆通行。

可见，上海"第一街"，当属新衙巷。

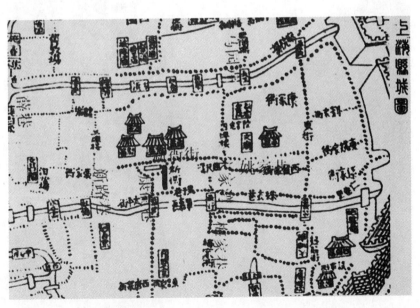

嘉庆年间上海县城图（局部）

"新衙巷"不是"新弄"

有人说"新衙巷"就是今日老城厢学院路上的"新弄(街)",这一考证,最早出于《闲话上海》(薛理勇著)一书。其在《宋代上海镇和元代上海县之中心考》一文中对"新衙巷"诠释如下:

新衙巷,《郑志》在县南,《颜志》衙作街,前《志》云今县东西大街。

按:衙即县衙。元至元二十七年上海由镇升为县,不日即完成新县衙,县衙在今学院路(光启路与四牌楼路之间)。据此:新衙路即今"新弄"。

此后,不断有人在撰文时将"新衙巷"作为今"新弄(街)"的旧称。

昔日新衙巷,今日学院路

笔者认为，据明《弘治上海志》，此处"新衖路"应为"新衖巷"，"新衖巷"即今"新弄（衖）"的说法与史实不符。

嘉庆年间（1760—1820）的上海县城图上，后人用红印章特地加盖的街巷就是1524年修的《嘉靖上海县志》上的十大街巷。其中县衙门前就是东西方向的"新衖巷"。图中也标注了"新衖"（笔者注："衖"是"巷"的异体字），它是南北向的一条小弄。也就是说在同一张地图上，"新衖巷"与"新衖"，不但路名不同，且路的方向也不同。

这在1934年柳亚子主编的《上海市通志馆期刊》中也有印证："英领巴尔福随即在城里东西大街新衖巷（Se Yaon Road）上租得顾姓（译音）共有52间屋的大房子，作为住宅和公署。"他们是翻译自1921年，G. Lanning-S.Couling先生所著《THE HISTORY OF SHANGHAI》(《上海史》)一书的"the Tun Chun Tang dwelling house of Koo in the Se Yaou Ken street"。

《上海市通志馆期刊》中将"the Se Yaou Ken street"翻译成"东西大街新衖巷"，但笔者认为，音译为"新衖街"或"新衖前街"则更好。此外，"street"的词意是除街、街道、马路外，尚有"纬路"（东西向）之意。这与"新衖前街"是东西走向的道路也相吻合。一些作者常将"Se Yaou Ken street"译成"西姚家弄"，得到广泛流传，并为上海地方志所采用，这是值得商榷的。

学院路约有10个旧名称

据《上海地名志》（上海社会科学院出版社2004年版）"市区旧今路名对照表"中介绍，"新衖巷""新衖前街"都是今日老城厢内学院路最初的旧称。

笔者在20世纪50年代初，就在学院路附近的西姚家弄小学上学，比较熟悉附近的大小街巷，除复兴东路、方浜中路是近代填埋河浜而筑成的较宽的马路外，学院路无疑是附近最宽的马路。

有学者提出,"学院路"是申城拥有路名旧称最多的马路,可能会令老上海们都吃惊,因为鲜有人提及。

在1871年《同治上海县志》附图"上海县图"显示四牌楼路东有聚奎街,这里是古代儒学、县学所在地。此处有敬业书院,院旁有旧学宫魁星阁(文庙)等,这也是今日学院路路名的由来。

大凡上海的老马路都有旧称,如南京东路东起始段系清道光二十六年(1846)初筑,初名派克弄(Park Lane),又叫花园弄(Garden Lane),后西向延筑。清同治元年(1862)改称南京路。1945年定现名。

《上海地名志》对学院路的沿革作了如下介绍:

学院路(Xueyuan Lu)在南市区中部偏东。东起东街,西至三牌楼路。长469米,宽8.7~11.4米。因在原上海县署南,西段曾称县西街、院西街,中段曾称县东街、院东街,东段曾称老学前街。曾名县前横街。后以原敬业书院改名学院路。沿路为住宅。

显然,上述《上海地名志》中学院路的这些旧称还不是全部。笔者综合《上海地名志》和其他史料、老地图,经初步统计,今日学院路的旧称有:最初的路名是新衙巷,后相继曾改称新衙街、新衙前、县前街,西段曾称县西街、院西街,中段曾称县东街、院东街,东段曾称老学前街、旧学前街。

笔者查找到的资料有限,相继改称的路名先后顺序和时间,还需要有关专家来核实或补充。在上海700余年的城市道路发展史上,古老的学院路短短不足500米,居然有10个左右的旧称,算得上是一条拥有旧路名最多的马路了。

爱因斯坦与上海弹街路

景智宇

20世纪最伟大的科学家阿尔伯特·爱因斯坦对中国人民怀有深厚的感情。他曾于1922年在赴日本讲学途中到过上海,并对弹街路留下了深刻的印象。

弹街路又称"片弹石路""弹硌路",是卵石、块石铺筑的路面。

1922年,爱因斯坦夫妇踏上上海的码头

"弹街路"的名称起源于苏州。老上海常把铺筑弹街路的工人称为"弹街工"。明清时期,上海县城里的道路大多是弹街路、石板路或砖路,而城外基本上是土路。上海开埠后,租界内从1848年起出现弹街路。民国以来,上海的主干道路逐渐铺设沥青路面,而一些较小的土路、煤渣路改筑为弹街路。20世纪50年代是上海弹街路的鼎盛时期,约有4 000条,全长近80万米。70年代以后,为改善路面状况和地下管线,上海对弹街路进行了分批改造,大多数改建为沥青混凝土路面。随着旧区改造的全面启动,弹街路越来越少。如今上海市区的弹街路已濒临绝迹。据黄浦区档案局调查,老城厢的东部仅存四条弹街路,加上零星弹街路面,总长400余米。此外,笔者又在闸北发现两条弹街路,长100余米。

1922年11月13日,爱因斯坦偕夫人来到上海。他希望"仔仔细细地看

普育新支路的弹街路面

看人民的生活",决定去建筑陈旧、穷人聚集的城隍庙地区参观。汽车无法通过狭窄的弹街路,他们便下车步行。石子路面高低不平,臭气熏人,陪伴者觉得很不好意思。爱因斯坦却不以为然:"不要紧,意大利的街道上也铺着这样的石头呢。"从城隍庙出来后,他们又去了老城厢的几条主要弹街路。在坎坷的路边,有许多弹街工席地而坐,不停地敲打石块,其中还有妇女和儿童。他们面容憔悴,衣衫褴褛,机械而重复地挥动着榔头。爱因斯坦问同行的中国记者:他们一天能挣多少钱?记者回答:折合美元大约5分钱。爱因斯坦惊愕不已,他在旅行日记上写道:"中国人受注意的是他们的勤劳,是他们对生活方式和儿童福利要求的低微……他们大多数是负担沉重的——男男女女为每日五分钱的工资天天敲石子……实在是一幅悲惨的图像。"

弹街路是上海历史沧桑的见证,伴随上海人度过了漫长的岁月,给人们留下了太多太多的回忆——不管是美好的或苦涩的。一位日本妇女曾经千里迢迢年复一年地来到石街(南浦大桥旁的一条弹街路,最近消失)参观、摄影,并同那里的居民成了朋友。她为什么这样做?毫无疑问,弹街路积淀了传统文化的深厚底蕴,它同老城厢的氛围是天然融洽的。

"绝版"古街：乔家路

倪祖敏

上海老城厢里有条乔家路，乔家路上有座徐光启故居。路龄长达400余年的乔家路却一直鲜为人知，几乎被历史尘埃所湮没，只是在近几年里，由于徐光启故居受到大众传媒关注后才渐为人所知晓。

乔家路与明代著名的抗倭将领乔镗的儿子有关。乔镗原系川沙人，其子乔木从小跟随父亲参加抗倭斗争，隆庆三年（1568）考取进士，出任吉安太守。从他这一代起，这支乔姓家族就从川沙迁徙到了城内，在现在的乔家路凝和路转角处修建名叫"修仁堂"的宅院。乔镗的孙子乔拱璧于万历三十五年（1607）也考取了进士，到了乔镗的曾孙乔炜这一代，由于祖上三代进士的缘故，乔家在上海城里的地位日渐显赫，于是当地人就称乔家出入的这条路为乔家路。

现在这条街上，一些具有历史文化价值的古迹遗存已经成了"绝版"，它们不仅是上海这座历史文化名城的瑰宝，而且也是开发老城厢旅游的丰富资源。

徐光启故居"九间楼"

咸宜堂引起的轰动

位于乔家路朝东的中华路705弄内,有一座老宅叫"咸宜堂",又称"驸马厅"。那是一幢距今已有约700年历史的楠木古建筑。

过去江南一带曾流传着这样一句话,叫做"两娶皇家女,江南第一家"。这"第一家"指的就是这座古宅的原主人。据《沪城备考》和秦荣光《李氏家谱》考证,咸宜堂始建于元末明初。建房的主人是李伯屿,官做到王府长史,其子李深精通音律,才华横溢,受到当时淮王的宠爱。后来太后特召赐婚,准许尚湖口公主婚配给李深,但尚湖口公主不幸夭折,于是淮王又把另一位公主嫁给了李深。

咸宜堂历经沧桑几经易主,到了清初,为顺治四年丁亥科进士曹灿所有。曹氏家族为沪上望族,曾在《巴黎和约》上签字的曹汝霖就出生于此。

2000年老城厢进行改造动迁时,古宅也在拆迁之列。当有关部门收到人民来信得知这一情况之后,纷纷前往踏勘,人们惊叹上海城内竟然还有这样的古建筑。于是,这座上海最古老的建筑才得以保存,并拟定计划移迁它处。

宅院无语自成史

拂去乔家路的时间尘埃,随手拈来都是一页一页让人怦然心动的书卷,甚至可以让那些现在刻意打造的"仿古街"羞惭万分。

至今仍高高耸立在乔家路东端的"小南门救火钟楼",是上海老城厢市政步入近代化的标志之一,也是近代上海革命斗争史迹之一。塔楼是求新机器轮船制造厂设计营造,高36米,1910年正式建成交付使用。武昌起义后,上海革命党人就是以该钟声为信号,向清军驻地发起进攻。1927年3月上海

宜稼堂木雕斗拱上的纹饰犹存

俯瞰郁家大院

南市工人武装起义，也是以该塔楼的钟声为信号起事的。

而坐落在乔家路与巡道街交叉路口的"宜稼堂"，则是海上望族"郁半城"——郁松年建造，至今已有150多年历史了。郁松年的三儿子叫郁荣培，人称"三老爷"。在三老爷的妻子孙氏去世不久，红顶商人胡雪岩便将自己的女儿嫁给了他。与胡雪岩关系密切的左宗棠闻讯后，带着随从前呼后拥地光临此宅祝贺，一时轰动周围街坊。著名新闻记者、政论家邹韬奋与郁松年的重孙郁鸿治是同窗好友。"九一八"事变后，为了躲避国民党特务的追捕迫害，邹韬奋携夫人沈粹缜长时间地隐居在该宅院里。著名经济学家于光远（原名郁钟正）是该院主人的第六代后裔。

宜稼堂现隐没在陋宅后面。穿过陋宅，里面是三进大深宅，木雕斗拱、砖雕门楣、石刻门脚、石柱梁基等一应俱全，仿佛在无声地显示着当年主人的显赫和气派。

紧挨宜稼堂的是乔家路113号的"梓园"，这幢非同一般的西洋式海上名园系王一亭故居。王一亭是极具才情的书画家，与吴昌硕齐名，早年师从任伯年。书画界和收藏界人士无不知晓海上画派名家王一亭，其墨宝至今常出现在拍卖会上。张大千、吴昌硕等画坛名流常来梓园聚会，据说门洞上方的石鼓文字体"梓园"两字就是吴昌硕所书。

王一亭1905年加入同盟会，任财务科长。20世纪初日本关东大地震时，他组织开展义卖赈灾，将义卖所得款项悉数捐赠给日本政府。日本方面为表彰他对促进中日关系所作出的贡献，特派日本建筑师设计了此园宅。所以，梓园沿街两层的西式骑门楼上是罗马柱浮雕，园中是一幢日本风格的塔楼和一座两层佛阁。

俗称"九间楼"的徐光启故居在乔家路234—244号，是明崇祯年间建造，现尚存7间，内部结构依旧，部分斗拱、窗棂、屏门、水井都是明代旧物。

历史遗址举不胜举

乔家路一带的名人、历史遗迹，可以说举不胜举。

清代公共租界会审公廨谳员关炯之的寓所，就在乔家路旁的俞家弄193号内，高高的白墙，弯曲的廊檐，别具匠心的砖窗花，建筑结构与格局基本保存完好。

20世纪40年代，杨树浦发电厂工人运动领导人王孝和的故居，在乔家路东端的俞家弄里，是一栋石库门房子。

现在蓬莱路河南路口的黄浦公安分局大院，原为上海县署，系1915年建造，墙砖上都标有专用印记。1927年3月21日，上海工人举行第三次武装起义，在此成立了上海特别市临时政府。现

梓园今貌

在该院的外观结构基本没变。

蓬莱路115号是上海市的第一个"报关业公所"机关。1913年,上海报关行业购得"龙门精舍"旧址,便在此联合建立公所,成为上海外贸职能部门的起步地。

乔家路西首,紧贴着一条只有几十米的小路"乔家栅路",那就是名闻海内外的"乔家栅"食府的发迹起家地。风雨百年的"真正乔家栅"五个大字至今仍清晰地留在门楣上。据传,最早有一姓李的人挑担卖汤圆,由于其汤圆、擂沙圆做得好,味道与众不同,顾客日多,于是借栅栏门内一间小屋,摆两张桌子、几条长凳开起了店,没有店号,就以"乔家栅"称之。后来在老西门及金陵东路开店,名"永茂昌",并由王士嘉承接其业。随之又去现在的永嘉路另辟店铺,标识是一扇栅栏,表示旧日来源之意。

与乔家路接壤的"凝和路古商业街",是旧上海万商云集的地方。过去这条街上酒坊、布店、米店、锡箔店、棉花店、糕团店、草纸店、南货店、铜匠店等应有尽有,鳞次栉比,一直延续到20个世纪60年代初。其繁荣景象,就和今天人们打造的"上海老街"一样。

分布在乔家路两侧的还有水仙宫、东正教宫、勤慎坊、旧校场,以及陈立夫、陈果夫兄弟和外交官顾维钧等历史名人的旧居。但令人惋惜的是,由于后人对其不甚了解,一些古宅正随着推土机的轰鸣而消失了。

寻访老"沪上八景"

朱亚夫

我国历史上名城素有评定"八景"的传统,如"长安八景""燕(北)京八景""潮州八景""羊城八景"等。就广州而言,早在宋代便有"羊城八景",以后历朝有所增减。上海早在明代就有"沪城八景"之说,首见于万历十六年(1588)官修的万历《上海县志》。清代"沪城八景",据乾隆年间(1736—1795)沪人李行南在《申江竹枝词》中所记为:海天旭日、黄浦秋涛、龙华晚钟、吴淞烟雨、石梁夜月、野渡蒹葭、凤楼远眺和江皋霁雪。斗转星移,岁月悠悠,如今,时代的列车已经驶入21世纪,且不说明代的"沪城八景",单就清代乾隆年间的"沪城八景"而言,迄今也有200多年。拂去历史的尘埃,昔日的"沪城八景"是否还有遗址遗迹可觅?

经过我们细细寻觅,反复梳理,发现昔日的"沪城八景",如今呈现出三种情况。

遗址犹在　风韵尚存

老"沪城八景"中,遗址犹在、风韵尚存的景点有两处。一是"龙华晚钟"。当时龙华地处黄浦江畔,龙华港等河流环绕而过,从"龙华晚钟"的老照片中,可品味出此风貌。李行南的《申江竹枝词》是这样描写此景的:"三月十五春色好,游踪多集古禅关。浪堆载得钟声去,船过龙华十八湾。"相传当时每年的农历三月十五日龙华有庙会,远近香客纷至沓来。而那来自梵宫的钟声,在苍凉的暮霭中,显得洪亮而悠扬,让人听来发思古之幽情,既庄严又肃穆,为上海诸刹之冠。"龙华晚钟"定为"沪城八景"之一,确

沪上八景之"龙华晚钟"

沪上八景之"江皋霁雪"

沪上八景之"凤楼远眺"

是实至名归。

现在这座始建于三国吴赤乌年间（238—251）的龙华古塔，虽历经几百年风雨，依然屹立于黄浦江畔，寺内钟鼓楼上一口青龙铜钟依然能传出声声古音。2009年上海评选新"沪上八景"时，有关部门鉴于"龙华晚钟"是原"沪城八景"中唯一遗留下来的一景，在充分考虑了市民和专家的意见后，将"龙华晚钟"评为"荣誉奖"。

前不久的一天下午，我特意带上相机去领略"龙华晚钟"在新时代的韵味。但见龙华古寺香火兴旺，信徒众多；七层八面的龙华古塔依然耸立在寺前的广场上。龙华古塔现是全国重点文物保护单位，不对外开放，周围配以山石，一泓清泉，几枝古树，俨然已成一景。只见在落日的余晖映照下，亭亭玉立的龙华古塔，倩影依旧，风韵犹在。现在每天晚上，寺中僧人照例会做晚课，但撞的不是塔中那口古钟，而是龙华寺大雄宝殿里的另一口钟。虽然钟声穿透力不比往昔，但在闹市中能闻听此种天籁之音，也实为幸事。

二是"江皋霁雪"。明嘉靖年间，为防倭寇侵袭，上海在今人民路、中华路一线筑城墙。万历年间倭患平息，县城安宁，便在四座箭台上建造了丹凤楼、观音阁、真武庙和大境阁。大境阁内还供奉关帝，侧有月下老人殿。冬日雪后拾级登阁，远眺吴淞江、洋泾浜南岸，大地银装素裹，映衬丽日蓝天，蔚为壮观。江皋，即江畔、江岸，老照片"江皋霁雪"反映的就是此景色。当时还有诗咏"江皋霁雪"："昨夜天公剪鹅毛，北风吹散遍江皋。垆头买得双蒸酒，同上楼头劈蟹螯。"诗词中描写当时上海人登城楼，饮热酒，与友人一同赏雪品蟹，为沪上冬日一景。

大境阁得以保留，那是民国初期上海拆城墙、填护城河时，由于当年拆城指挥部——城壕路工事务所设在大境阁，再加上有人请求保留大境阁，才使这段城墙和大境阁保留下来。1992年开始，南市区人民政府经三年的努力，动迁居民，搬迁单位，耗资900万元，将这段古城墙和大境阁按原样修复开放，供游人游览。如今大境阁和古城墙巍然雄立于人民路、大境路口，与白云观毗邻而居，因阁内供奉关帝和月老，现为上海市道教协会所在地。

我们拾级登上城楼，但见飞翼之阁依然笑迎春风；城楼上那标志性的雉堞依然成排挺立，像哨兵站在自己的岗位上；同治年间的旗杆基柱，字迹清晰可辨；底楼有"上海老城厢史迹展"，内多老上海珍贵图片。迈步大境阁下的暗廊，仿佛穿越时光隧道，让人回到老"沪城八景"的年代。举目四望，唯见周围高楼林立，视野阻隔，那城外的"江皋"已经荡然无存，而那"霁雪"景象恐怕也是可遇不可求了。

遗迹可觅　风光不再

　　老"沪城八景"中，遗迹可觅、可风光不再的景点有三处。一是"凤楼远眺"。"凤楼"即天后宫，位于侯家浜北（今人民路、新开河路口），始建于南宋咸淳年间，悬青龙市舶司提举陈珩所书"丹凤楼"匾额。明万历年间，侍御史秦嘉楫出资在东北城墙万军台（今丹凤路、人民路）上重建三层杰阁丹凤楼。三层楼阁在当时是城内制高点。据清人葛元煦在《沪游杂记》中说：丹凤楼"在城东北隅，楼阁皆附于城堞，窗临黄浦，可以观涛"。因此登斯楼，"川原之缭绕，烟云之吐吞，日月之出没，举在眉睫"。"凤楼远眺"老图片显示的就是这样的风光，它是老图片中唯一一张绘画而成的，而不是照片。每当重阳时节，丹凤楼是上海市民登高望远的首选。而当端午节时，黄浦江上大赛龙舟，丹凤楼更是最佳的观赏处。有诗赞曰："鼓角声中焕彩游，浦江午日闹龙舟。红儿绿女沿滩看，看客多登丹凤楼。"描写的就是上海人在端午时节登丹凤楼观看龙舟赛的盛况。民国元年（1912）拆城墙时，丹凤楼及其所在的万军台均被拆除，于是一代名景"凤楼远眺"消失。21世纪初，这里辟为新开河古城公园，在丹凤楼原址筑有凤楼台。

　　近日，我寻访丹凤楼来到古城公园，但见清溪淌石过，绿茵映红花，好一派自然风光。在公园导游图上，清楚地标出"凤楼台"在公园最东处。沿着溪边小径，我走近凤楼台。按原貌设计，凤楼台筑三层楼，约高5米。凤楼台下是一家咖啡馆，拾级而上，凤楼台筑在一道人工城墙前，状似凉台，

沪上八景之"黄浦秋涛"

沪上八景之"吴淞烟雨"

凭栏可眺望黄浦江。凉台向东处,未建高楼未植绿树,以便游人观光,唯因黄浦江畔已建滨江大道,故从凤楼台眺望,不见江水滔滔,唯见船桅游动。遥想当年"凤楼远眺"的景象,别有一番滋味在心头。

二是"黄浦秋涛"。当年申城黄浦江涛犹如海宁钱塘江潮,大有"风翻白浪花千片，涛似连山喷雪来"的气势。有诗为证："十八潮头最壮观，观潮第一浦江滩。银涛万叠如山涌，两岸花飞卷雪湍。"原来，黄浦江水自南向北与吴淞江汇合后，转向东流从长江入海。河道东折处，在浦江东岸冲积成一个突出的嘴形滩地。因明代翰林院学士陆深世居此地，死后亦敕葬于此，故世称"陆家嘴"。每年秋季潮汐时，海潮倒灌入江，潮水汹涌，陆家嘴遂成观潮胜地，形成了沪人在农历八月"陆家嘴上看潮头"的传统习俗。老照片"黄浦秋涛"所显示的是上海开埠前的景象。老城厢豫园中有观涛楼，俗称望江楼，为城东最高建筑物，相传是最佳观涛处。

现在的黄浦江依然奔腾不息，东流入海，可是已与往昔不同，显得风平浪静，波澜不惊。漫步于外滩的滨江大道，唯感江风送爽，江面似绸，对面陆家嘴摩天高楼拔地而起。若从东门路走上滨江大道，江畔花红柳绿，江中可见游轮如过江之鲫，游弋在江面上，凭栏眺望，浦江两岸风光无限。这正是：浦江不见当年涛，唯见都市风光好。我想到当年最佳观涛处，即赶往豫园。原来观涛楼位于豫园的东面，在静观大厅西南侧，又称"小灵台"，三层全木结构，高10余丈，整座楼的建筑没有采用一枚铁钉，却牢固异常，清时为城内制高点。遥想当年，在此登高可观赏黄浦江中浪涛汹涌，白帆起伏。可惜现在因年代久远，已成危房，禁止登楼。正有些遗憾时，转而一想，现在周围高楼林立，哪有江涛可观？也就释然了。

三是"吴淞烟雨"。上海吴淞口地区，历来是进出申城的水上门户，其江海景色也是沪上一景。最早描绘其风貌的当数晚唐诗人杜牧。他在《吴淞夜泊》中就写出了吴淞沿江的"烟雨"朦胧之美，诗意隽永："清露白云明月天，与君齐棹木兰船。风波烟雨一相失，夜泊江头心渺然。"及至清代，吴淞口地区日见繁华，其"烟雨"也更浓。李行南的《申江竹枝词》这样咏道："闸门潮长水如春，去去张帆拂柳浓。别有归舟烟雨里，迎潮无奈泊吴淞。"

为体验"吴淞烟雨"，笔者特地乘地铁3号线赶往宝山吴淞寻觅。经过近几年综合治理，宝山滨江地区旧貌换新颜，风景十分宜人。临江公园和滨海公园相邻而建,方便了人们游览、观赏。在滨海公园内有三层楼的仿古建筑——望江楼,有副抱柱联:日看长江数万里流金淌银,月望江楼众风云谈济论经。读之气势如虹,胸怀为之大开。可惜年久失修,已弃之不用。近年有上海淞沪抗战纪念馆在公园内落成,高50米的九层宝塔成了长江入海口的标志性建筑,乘电梯直上纪念塔顶,长江口一片烟雨茫茫,渔船客轮若隐若现,那"吴淞烟雨"的意境恍现眼前。

踪迹全无 风景大变

余下的三景中,那便是踪迹全无,风景大变。其中之一是"石梁夜月"。中华民族素有中秋赏月的风俗,在申城旧时称为"走月亮"或"串月"。老上海人都喜欢到老城厢小东门外陆家石桥,观赏拱形桥下水中的皎月倒影,这就是"沪城八景"中的"石梁夜月"。相传陆家桥是明代翰林学士陆深出钱所造,故名学士桥。《沪游杂记》有诗写到小东门的繁华:"歌楼舞榭足消魂,鸡犬桑麻莫并论。十六铺前租界止,繁华直到小东门。"我们从老照片上看,学士桥呈弧形,桥洞呈半月形,与水中倒影合成一满月,十分优美。中秋在此赏月,确为绝佳之地。当时李行南有诗赞曰:"携伴良宵

沪上八景之"石梁夜月"

沪上八景之"海天旭日"

出城去,陆家桥上月如霜。桂樽环饼答秋光,处处氤氲朝斗香。"可惜后来在填没方浜筑路时,学士桥被拆,周围房屋也悉数动迁,因此"石梁夜月"之景也就不复存在了。

近年有媒体报道,东门路靠近人民路一处工地在开挖地基时,发现了当年学士桥基,"桥墩和桥基散落一地"。笔者曾往踏访,方浜中路、人民路口的百年老店童涵春依然屹立原地,其对面东门路、人民路一带筑有围墙,确有高楼正在建造。走笔至此,我想学士桥遗址被发现,有关部门不妨在此勒石为记,以纪念昔日的沪上胜景——"石梁夜月",不至让它再被湮没人间。

二是"海天旭日"。上海濒临海边,沪上胜景中自然少不了看旭日东升的美景。当时有诗是这样描写"海天旭日"的:"海日初升恰五更,红光晃漾令人惊。须臾已见腾腾上,碧落分明挂似钲。"根据诗意描绘,专家及网民有两种推断:一说因为旧时上海的海滨是一片丛生的芦苇,苏州河、黄浦江交汇处,江面开阔,犹如大海,"海天旭日"指的是在豫园向东眺望,观看海天一线、旭日东升的景象;二说"海天旭日"是指清晨去吴淞口海塘边观看日出。笔者认为第二说更为可信,因为吴淞口地区,滔滔长江奔腾入海,江面浩荡,一望无际,可见海上云雾携带着蒙蒙雨丝飘入江滨,大有长

沪上八景之"野渡蒹葭"

空苍茫、海天一色的气势,那真是观看旭日东升的好去处。

如今上海人要观看日出,可去南汇嘴的观海公园,园内专设望海楼。不过,宝山临江公园中的淞沪抗战纪念塔,仍是领略"海天旭日"景象的好地方,而且它的交通更便利,古韵更浓厚。

三是"野渡蒹葭"。"蒹葭"即芦苇。古代野外芦苇茂盛、水草丰美的渡口,也不失为郊外一景。所谓"金风飒飒响回塘,渡口呼船正夕阳。知否侬家烟水外,蓼花红处近渔庄",是一种如诗如画的农家田园生活,这不禁使人想起了陶渊明的《桃花源记》。开埠前的上海郊外,因水网纵横,尤其是在苏州河沿岸,这应是常见的景象。

现在,随着上海向国际旅游名城迈进,黄浦江已天堑变通途,长虹连两岸,并有地铁贯通全市。黄浦江上虽还有轮渡开航,可苏州河上,随着1997年12月16日强家角轮渡最后一个航班的结束,"野渡"已成历史陈迹,而"野渡蒹葭"的景色也只能在老照片中品味了。

潘允端奉亲建豫园

李光羽

豫园是上海五大古典名园中唯一建在市中心的（另四个是青浦的曲水园、松江的醉白池、嘉定的秋霞圃和古猗园），也是上海唯一列入全国重点文物保护单位的园林。

关于这座海上名园的缘起，大都语焉不详，且多为转抄，致使以讹传讹，比如不少志书记载"豫园造了18年"。还有一本上海导游培训教材说："豫园是四川布政使潘允端于明嘉靖三十八年建造的。"我忝为导游行业中的作家，对豫园情有独钟，二三十年来下了不少功夫，爬罗剔抉，钩沉辑要，研究有所心得。兹收拾鸡零狗碎笔记，作豫园由来小考，求正于方家，贡献于同好。

潘允端像

初登官场竟遭贬

明代中叶，上海县城东北、城隍庙东面的安仁街东（今北福佑路、东丹凤路、南梧桐路），住着一户官宦人家，主人姓潘名恩，在《明史》上有传。这就很不简单。因为上海是元代初期建县的，至今也不过700多年，《元史》中还没一位上海人有传；迨至《明史》，为之作传的上海人也屈指可数；而在这为数不多的上海人中,又只有两位是官居二品以上的大员———一是赫赫有名的徐光启,另一位就是豫园的主人潘允端的父亲潘恩了。因为潘恩身居高位,其弟潘惠、潘忠、潘恕相继出仕,两个儿子又先后荣登蟾宫,时人赞曰:"同怀兄弟四轩冕,一家父子三进士。"

潘允端乡试中举人那年,正好30岁。第二年春天,他就可以进京会试。但不知什么原因,那一年他没有北上。又过了3年,潘允端才踌躇满志地进京会试去了,结果名落孙山。

没有考上,潘允端只得回家。他心里很不愉快,为了解闷,就把家里西边菜园子的一个角落,"稍稍聚石凿池,构亭艺竹",虽说弄着玩玩,也算是个园林。那一年是嘉靖三十八年(1559),所以后来就把这作为豫园最初建造的年份。

很快,又过了3年,这年又是大比之年,潘允端进京再考,这回中了进士。殿试过后,他又参加了吏部考试,之后,被任命为刑部主事。

可这时却出现了一个麻烦。原来,潘允端的父亲潘恩去年刚刚由刑部尚书转任都察院左都御史。按照封建社会的制度,父子俩在一个系统任职,且为上下级,是必须回避的。仔细想想,这件事本来不应该发生,潘恩无论新职旧任,满朝文武谁个不知,怎么会把他的儿子分配到刑部任职呢?我猜想,很可能是潘允端为省得人家闲话,参加科举时十分低调,取得功名后,父子俩也都不曾张扬。因此主管官职分配的吏部不知情,结果就把儿子分配到父亲曾任主官且属同一系统的部门去了。

分配错了,那就改一改吧。吏部尚书郭朴恰巧是潘恩的门生,他心想,恩师的儿子,这个忙是要帮的。于是,不声不响地把潘允端调到了礼部。礼部和刑部都是六部之一,潘允端先后任职的级别,也并无高低的差别。但礼部是负责典礼、教育的,在一般人眼里,刑部多少体面些。不料就是这件事,有人弹劾说潘恩纵容儿子,潘允端钻营门路,郭朴假公徇私。结果,朝廷没处分郭朴,却把潘允端贬为南京工部主事。

这是明朝特有的官制。原来,明成祖把国都迁到北京后,为了尊重太祖洪武帝，南京仍保留一套文武百官的班子，除户、兵两部掌南方部务，其余都没有实权，只是有名无实的闲官而已，故而在官职前加"南京"二字，以示区别。

潘允端受了处分，潘恩也向朝廷"乞骸骨"——请求提前退休，获得了批准。也有史料说是朝廷"令致仕"，也就是强制退休。不管究竟如何，反正是打点行李，回上海老家去了。

查库失言被免官

不久，潘允端被派到淮河上去干漕运的差使。可能工作比较辛苦，生活上又不习惯，心里老不痛快，于是他写信给父亲，发牢骚说："我想，我家里有年高的父母可以侍奉，有年幼的子弟可以教育，有田地财产可以管理（原文是'有亲可事，有子可教，有田可耕'），何苦留恋这鸡肋似的官职，还不如挂印回家算了！"把官职比喻为鸡肋，显然是食之少肉、弃之可惜的意思。

潘恩久在官场，知道宦海浮沉是家常便饭，儿子连这点挫折都受不起，那怎么行？于是回了封信，用自己为官近40年几起几落的经历开导允端，让他不要东想西想，应该安心职事，不辜负皇恩浩荡、家族期望，务必高瞻远瞩，来日方长云云。

潘允端还是听父亲话的，于是把官继续做下去，而且果然有所建树。比如，他发现由于官吏办事拖沓，各地将漕粮收齐送到运河码头，正是河水暴涨季节，运粮船重，常常发生沉溺事故；待粮船到了北方，又碰上天寒地冻，河道水浅，舟行不畅，因此京师仓储老是不足。潘允端向上司报告了情况，提议每年二月漕粮集中到淮河，五月由运河北上，八月抵达天津，然后转通州，达北京。照此办法，漕运果然畅通，事故大大减少，京师仓储，渐渐充足。

此后，潘允端的仕途，总的说还算顺利。50岁上下时，他升任四川右布政使，从二品，尊称藩台或方伯。按这个年龄，再升上去成为封疆大吏，是完全可能的。而在外面做了十多年官的潘允端，对上海老家西边菜园子里那个曾经开了个头的园林，却无暇顾及，只能趁探亲时稍带拾掇拾掇。

谁知，就在四川布政使任上，潘允端竟不小心得罪了朝廷要员，而招来一场无妄之灾。那天，潘允端核查库银账册，发现一个情况：自己的上司——四川巡抚曾省吾，为平定省内一场"蛮"乱，用兵不过数月，军饷耗费竟高达300万两白银。而据他所知，他进官场前后，老家东南沿海深受倭寇侵扰之害，还是戚继光等将领把倭寇荡平的，平倭战事的军费开支，几年加起来也不到200万两银子。相比之下，这位巡抚大人实在可以说是靡费军耗了。想到这里，潘允端不由得深深叹了口气："打这么个仗，怎么花了这许多钱？比东南御倭耗费还大呢！"

原来这位四川巡抚曾省吾是张居正的小同乡，并被张居正视为心腹，提拔重用。隆庆六年（1572），曾省吾由正四品的右佥都御史，一下子擢升为从二品的四川巡抚。既然受宠履新，当然要干出点政绩来。曾省吾便打算敉平叙州府（今四川泸州南，兴文、叙永一带）内那股都掌蛮（少数民族）土司武装。他的这一想法，得到了张居正的赞同，并建议他上疏将待罪的总兵刘显留任。

张居正所说的总兵刘显，很能打仗，与俞大猷、戚继光齐名。然而，此人武官积习太深，居功自傲，贪赃受贿，不守法纪，此时正受到弹劾，眼看着要受处分。所以张居正在给曾省吾的信中指示说："若其人果可用，不妨特疏留之，立功赎罪；如不可用，则当别授能者。公宜以此意明示刘显，俾鼓舞奋励，如玩寇无功，必将前罪并论诛之，不敢庇也。地方大事，唯公熟计之。"曾省吾当然听张居正的。刘显也知好歹，于万历元年（1573）三月，奋勇攻破叛军占据的险要凌霄峰，斩获甚众。

张居正得到捷报，马上回复曾省吾："凌霄既破，我师据险，此天亡小丑之时也……宜乘破竹之势，早收荡定之功。计蛮众不过数千，我师当数倍之，无不克者……刘帅功名，著于西南，取功赎过，保全威名，在此一举。

其一切攻围之计，宜听其自为便利，勿中制之。唯与之措处军前赏功募士之费，计军中一月当费几何。与其旷日持久，不若暂费速罢之为愈也。"请注意这最后两句，正是关于平叛军费的指示，意思是多用些钱无妨，务必速战速胜。

这场战争的结果是，刘显俘斩叛军4 600余人，都掌土司之乱，一举荡平。曾省吾复上疏善后十事，如剿灭遗孽、分田还民、屯垦设戍等。张居正赞赏有加，奏过万历，一一照准。曾省吾功不可没，官升一级，成了朝廷正二品的大员，任工部尚书。

而潘允端那句"糜费军耗"的叹息，传到春风得意的曾省吾耳中，意味着什么，就不用多说了。更麻烦的是，曾省吾的上面还有权倾朝野、唯我独尊的张居正。

万历五年（1577）年初，潘允端做了个梦，梦见神仙赐给他一方玉章，上书"有山可樵，有泽可渔"八个字，正要问问神仙是什么意思，梦醒了。不到一个月，他被免职了。

豫园内的池沼和廊亭

豫园内的假山

归家奉亲建豫园

潘允端接到免职的命令，马上就想到了神仙给他的那方玉章，恍然大悟道："啊呀呀，原来是神仙要我回老家去，把十八年前开了个头的那个园林造造好啊！"于是，他倒不在乎丢官的事了（凭他的聪明，何尝不明白个中缘由），轻轻松松地卸任，愉愉快快地回家，全力打造自己的宝贝园林去了。

潘允端后来将豫园里一处幽雅的建筑，命名为"五可斋"，正是出典于有亲可事、有子可教、有田可耕、有山可樵、有泽可渔这五个"可"。今豫园园门内两侧，若干年前，还有樵夫、渔翁泥塑各一。有导游不知就里，说这是姜太公钓鱼和樵夫王质观棋烂柯故事。我纠正道：那是为了使游园者联想到神仙赐潘允端玉章上"有山可樵，有泽可渔"八个字，寓意豫园的由来啊。

记得豫园建新园门时，我曾致书有关部门，希望保留樵、渔雕塑。等造好去看，还是给弄掉了。倒是前面的门额搞了好些《封神榜》的砖雕，实在莫名其妙。还好，内额砖雕大篆"椿寿"两字还有点意思。可而今导游大多不识，更不知为什么刻此二字。其实它是寓长寿或父亲长寿之意，总算与豫园的园名相呼应。

豫园为什么叫豫园？潘允端"解蜀藩绶归"那一年，52岁，父亲潘恩82岁。儿子对于15年前因职位调动而使父亲被迫从高官职位上提前退休之事，心怀歉疚，便有意造这个园林以"愉悦老亲"，所以起名"豫园"。"豫"是《周易》六十四卦之一，其卦象六爻，上震下坤，意为平安、健康、舒适、愉快。

中国古典园林不计其数，但主人声言是为老亲颐养天年而造，且作为园名，公之于众，据我考证，不但前所未有，以后也不曾出现过。

当年中秋佳节，潘允端就急于请著名诗人、书法家王穉登（"穉"是"稚"的异体字），题写了"豫园"名额，勒碑标榜，其表白"以悦老亲"心情之迫切，溢于言表。那块"豫园"额碑，如今嵌在三穗堂东边围墙上，上下款曰"万历丁丑秋八月望"，"太原王穉登"。太原是王姓郡望。王穉登善行书，亦工篆、隶。瞧这两个字，字体规整而不呆板，笔画生动而显雍容，尤其"豫"字，运用篆变，与给四围框住的"园"相配，颇有亦谐亦庄的趣味，可谓不同凡响。

潘允端这番回归故里，自然竭尽全力，将园林"一意充拓，地加辟者十五，池加凿者十七"。钱呢，官场十多年，不会没有积蓄，再加上"每岁耕获，尽为营治之资"。虽不充裕，还得加紧，为什么？老亲春秋已高啊。

建园林，可以今年筑个亭子，明年叠座假山，不是造房子，要全部竣工了才可入住。潘家本有宅第，园林近在咫尺，不妨一边建，一边住，一边玩。所以，他"时奉老亲觞咏其间，而园渐称胜区矣"。

既然豫园是为老亲所建，那么老亲安置在哪里？潘允端想好了，那个场所，背靠大假山，面临荷花池，不但风水绝佳，而且景色旖旎。按照封建社会允许官宦人家屋宇建筑的最高规格，在这上好地方造一幢六柱五间单檐歇山式的大厅堂，用《论语》"知者乐，仁者寿"句意，取名为"乐寿堂"。

可惜，五年以后，万历十年（1582），潘恩因为小儿子允亮和兄弟潘忠相继亡故，心情忧郁，不幸去世。潘允端在《豫园记》里叹息："嗟嗟，乐寿堂之构，本以娱奉老亲，而竟以力薄愆期，老亲不及一视其成，实终天恨也。""力薄愆期"，意思是财力不足，工程延期。《豫园记》最后几句也说明了这一点："经营数稔（年），家业为虚，余虽嗜好成癖，无所于悔，实可为士人殷鉴者。若余子孙，唯永戒前车之辙，无培一土，植一木，则善矣。"

虽说标榜奉亲建园，然而潘允端还是在无意中讲出了真心话：豫园这座花费了他毕生心血全力打造的园林，终究还是因自己"嗜好成癖"而建的啊！

潘允端大兴土木建造豫园的"万历丁丑"，是1577年。许多人将这个数字减去1559（嘉靖三十八年），说"豫园造了一十八年"。殊不知，潘允端在《豫园记》里说得十分明白，那是在外做官时期，"垂二十年，屡作屡止，未

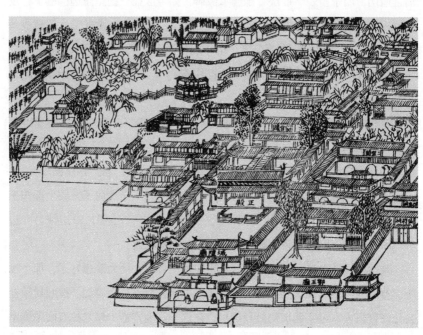

明代城隍庙豫园图

清末豫园

有成绩"。

  至于豫园在潘允端死后荒芜,乐寿堂原址上于清乾隆年间重建了"三穗堂"等,这些都是后话了。

九曲桥逸事

陆其国

我走在一座桥上。桥窄而小，也不长，但弯道很多，以"九曲"名之，只言其少，不嫌其多。是的，我脚下的桥正是紧邻上海城隍庙的九曲桥。

在九曲桥上，我常常会情不自禁地驻足而思，想起发生在这里的许多往事……

潘恩退休为避嫌

九曲桥旧景

尽管我不清楚明朝嘉靖年间、曾任刑部尚书等职、祖籍常州的潘恩长的什么模样，但仅凭他后来的一个重大举措，我便从心底里愿意将他描绘成一个既不阿谀逢迎、又不张扬跋扈的人。就在潘恩在朝40余年后的某一天，他的儿子潘允端被宣布任职刑部。

父亲曾任职刑部，儿子如今又进刑部工作，真是再好不过，父子可以想同样所想，干同样想干；父亲看不惯的，儿子可以继续看不惯；父亲有什么想落实而没能落实的，儿子可以继续落实……

这样的机会多少父子想盼都盼不到呵。然而，作为父亲的潘恩却作出了一个相反的决定：告老引退。他对儿子说，我应该避嫌。这一年，潘恩68岁。

潘氏系明代上海第一世家，被时人称为"同怀兄弟四轩冕，一家父子三进士"。此即是指潘恩、潘惠、潘忠、潘恕四兄弟皆相继出仕，潘恩、潘允哲、潘允端父子都曾登进士的事迹。而明代上海人中，官做到尚书的只有两人，一是徐光启，再一就是潘恩。其声名之显，由此可见。

潘氏先人是在元末因避兵乱而迁徙到上海定居下来的。潘恩生于明弘治九年（1496）三月二十六日。史料上说，"公（指潘恩）生而明颖凝重，离襁褓即不妄言笑，宛若成童。"给我们活脱脱勾画出了一个少年老成的早熟儿童形象。潘恩6岁时，父亲即"教以四声，不过两日，高下抑扬，过耳便能辨悉"。28岁考中进士，是年十月任祁州知州。从此，他的政绩开始昭显。

潘恩在祁州任上时，恰值办理均赋之际。潘恩将册籍详细厘正，肃清流弊，"于是户无匿田，田无匿税，并且参互新旧，折中调剂，高下都得其平"。他的贤内助曹夫人也为丈夫大大挣了一把脸，"躬教民间妇女纺织方法，州民大得其利，至为建潘母祠"。不仅如此，曹夫人还在祁州生了一对孪生子：允哲与允端。潘恩后来又调到河南钧州，也就是后来的禹州。在钧州任上，潘恩不怕藩府宗戚的威胁，秉公办事，深得民心。此外，他还尽力积储粮食，仓中贮粮丰富，为河南全省之冠。后来遇上灾年，他及时开仓赈民，稳定了民心。

潘恩性格刚烈，对来犯之敌，坚决予以痛击。嘉靖三十二年（1553），58岁的潘恩又从江西调到浙江任职。5月，他在海盐巡察时，遇倭船37艘来犯，围城数匝，其势汹汹。时城中官兵，不足1900人。潘恩和佥事姜廷颐都微服步行城上，并和汤克宽筹议计划，一面鼓舞军民，和衷协力，昼夜登埤，防守不稍懈。坚守至第5日，倭寇眼看攻城要吃亏，只得撤兵。

潘恩在嘉靖朝前后为官计40年，上有威柄独操的皇帝，下有奸臣当道的严嵩之流，他能平安引退实属不易。

潘恩告老引退回到了上海，住进了城隍庙东北角的祖宅。

"愉悦老亲"造豫园

潘氏祖宅前有块小小的园地,已告老闲居的潘恩平时就在此养养花、种种草、看看书、练练字,再不就是陪老伴说说话,倒也自得其乐。儿子潘允端想到父亲为避嫌而告老回家,说到底也是为了他工作起来方便而作出的牺牲,所以见父亲喜欢养花种草,就决定将老屋前的园地朝西扩建成一座园林,以让父母颐养天年。主意定后,他即请来明代造园名家张南阳精心设计,同时还提出要求,比如聚石凿池、构亭布竹、并在池中造个小方亭等。潘允端认为,不如此不足以"愉悦老亲"。"愉"和"豫"在古汉语中意义相通,读音相近,所以将园林取名为"豫园"。豫园共占地70余亩(一说40余亩),始建于明嘉靖三十八年(1559),经过20余年打造,方臻完善,景致幽雅,精美绝伦,堪称东南名园之冠。

在扩建园林的过程中,也曾闹出过一些风波,险些酿成潘家一场"大地震"。就在豫园即将落成之际,朝中居然有人上奏说潘家在建皇宫,请即派人查办。这可是十恶不赦之罪!

得知这一消息后,潘允端并不心慌。为免生麻烦,他一方面请人连夜将毗邻的城隍各殿神像移入园内各厅堂,另一方面备好银子,用于第二天贿赂前来查办的钦差。果然,钦差得了好处,加之也确实没有看到有什么造皇宫的迹象,分明只是座庙宇,于是就如实禀报上去。潘家因此无罪。

潘恩在豫园,一直生活到86岁病逝。他的儿子潘允端任南京工部主事后,又因主持漕粮储运有功,升任四川布政使。万历五年(1567),潘允端也以疾病为由,辞官回沪,侍奉老母,恪尽孝道。

湖底群龟咬洋兵

其后,潘氏家道开始衰落。清乾隆二十五年(1760),沪上一些士绅富商趁机筹款购下豫园，重新修建。后因逢清兵南下，烽火逼近，为不使豫园受侵占，遂将其交城隍庙道士管理，在各厅堂置放起佛像，并请僧人住持，使豫园成了"庙园"。此时的豫园已渐渐荒芜。

道光二十二年（1842）五月十一日，英军攻占上海城，将司令部设于城隍庙内，士兵则驻扎在湖心亭周围。

这些侵略者一路行军，几身臭汗出了又干，干了又湿，此刻对他们来说，最痛快的事就是能洗上一把澡。但要洗澡谈何容易，连司令部所占据的庙内都无澡堂，遑论别处。

当时正有几个英国士兵浑身燠热地走在九曲桥上，其中一个士兵望着桥下红莲覆盖的湖面，突然提议道：何不把这些红莲连根砍了，这一来，湖里不仅可以洗澡，还可以游泳呢！此语一出，当即得到响应，英军士兵果真将湖中的红莲连根砍掉了，然后赤条条地跳入湖中，他们一边洗澡一边嬉戏，好不惬意。但他们哪里会想到，厄运正在向他们逼近。

英军士兵入湖洗澡的野蛮行为，顿时激怒了县城百姓，于是他们趁着夜黑人静，悄悄派人潜到九曲桥畔，将白天收集到的大量乌龟迅速放进湖里。第二天，当许多英军士兵再次脱得赤条条地跳入湖中，还想继续惬意一把时，潜伏在湖底的乌龟纷纷凫了上来，将英军士兵的皮肤咬得鲜血淋漓，士兵们大呼救命，没命地朝岸上逃。从此后再也没有哪个英军士兵敢跳入湖中寻找惬意了。

其间，英军也强占了豫园，使一座好端端的园林"风光如洗，泉石无色"。

英军撤走后，人们重新在湖中植入红莲。奇怪的是，红莲再也不开花，于是就改种了荷花。

豫园不仅经历外患，而且还迭遭内乱。咸丰五年（1855），小刀会起义失败，清兵在城内烧杀抢掠，豫园遭受严重破坏，点春堂、桂花厅等建筑均惨遭损毁。

咸丰十年（1860），太平军进军上海，清政府勾结英法侵略军，把豫园作为外国军队的驻扎场所，在园中掘石填池，建造西式兵营，园景一片狼藉。直到清同治年间，才得以重加修葺。

一蠡湖心亭屹立

到了清光绪元年（1875）以后，豫园不仅经常易主，而且还屡遭分割，园内楼阁被各行业用作会馆公所。其中，布业巨子祝韫辉、张辅臣等人在"小方亭"旧址造了一座六角亭台，名曰"湖心亭"，是供布商们聚会议事的场所。后来才改为酒楼，初名"也是轩"，继改"宛在轩"，最后才恢复旧名"湖心亭"。这里多年保存着一块由清朝文渊阁大理寺卿、上海人陆锡熊撰写的《湖心亭碑记》石碑。碑文中有"鱼鸟之出没，烟云竹树……一泓之池，视钱塘之西湖曾不足比拟百一"，敢与西湖比美景，也可见当时豫园胜景之一斑了。有人回忆，当时湖心亭还曾有这样一副对联："叠烟千层石在水，野笛一声人过桥"，活画出当年九曲桥畔的美景野趣。

当年的"湖心亭"分内外厅。内厅喝茶比外厅喝茶贵。楼上是雅座，每天上午还有一班自愿结合的音乐爱好者吹奏民族乐器，供茶客欣赏和助兴；还有不少文人雅士在此吟诗作画，天长日久，这里渐渐成为老城厢内最有雅趣的茶楼。可以说，它和豫园一样，已成了九曲桥畔最吸引人们流连忘返的一处胜地。

让我们来吟一首龙湫旧隐的《上海竹枝词》，权作本文的结语吧——

豫园花木未荒芜，九曲桥边似画图。
一蠡湖心亭屹立，居然风景赛西湖。

火神降临城隍庙

景智宇

上海城隍庙是闻名遐迩的道教胜迹。明永乐年间，上海知县张守约将方浜旁的金山神庙改建为城隍庙，成为上海居民宗教祭祀的重要场所。清朝后期，城隍庙一带万商云集，店铺栉比，游人不绝，带动老城厢商业蓬勃发展。

然而不幸的是，城隍庙在历史上屡遭厄运，尤其是火神频频光顾，多次

清末城隍庙

被毁而重建。据统计，从清代到民国时期，城隍庙曾7次被焚毁，其中1924年的两次火灾损失巨大。

1924年8月15日（农历七月十五）中元节，是民间信奉"赈济孤魂，驱除疫疠"的日子。中午11时，"保釐苍赤"的城隍老爷秦裕伯照例出巡。大锣开道，鼓乐齐鸣，官轿、宝马、花灯、舞龙、彩船、高跷，浩浩荡荡，观者如堵。

然而，热闹的氛围仅持续了半个小时。人们忽然发现，城隍庙上空浓烟滚滚。近在咫尺的邑庙警所二分署和北区救火会立即出警，小南门警钟鸣响，各区救火车呼啸而至。据《申报》报道，庙南陈士安桥人山人海肩摩毂击，把一辆装满砖瓦的小车挤翻。适有救火车经此，司机开足马力才越过满地砖瓦。

城隍庙四周烟雾弥漫，霍光殿火光冲天，殿旁店铺和地摊小贩、卜星相师仓皇逃命。时值正午用水高峰，水龙压力不足，加之天气亢热，火势愈益凶猛，后殿、寝宫、许真君殿、打唱台等处一片火海，东面延烧至玉清宫内园后门，西侧财神殿被毁去一半。经救火队员奋力扑救，下午1时许明火才熄灭。

城隍秦裕伯像出巡在外，城隍娘娘和城隍父母3尊神像由庙祝从大火中搬出，暂置乐圃阆茶馆。金山神主霍光像、判官、小鬼、差吏、中军、黄泥会首、马快等70余尊泥塑木雕像及阴阳古镜一面，则全部付之一炬。大殿前8尊皂隶像因系石身，仅被熏污。

晚上7时许，城隍秦裕伯像在城内外巡游归来，庙前门堆满瓦砾，便从后门至玉清宫东岳大殿暂驻。次日凌晨2时，废墟中余烬复燃，香火人接水浇灌，才完全熄灭。调查火灾原因，系霍光殿西大鼓架下设有焚烧锭箔、元宝的地窟，因善男信女络绎不绝，焚烧过度，火星四射，引燃西隅堆积如山的冥锭等物。恰逢香火人用膳离去，无人照看，遂成燎原之势。

仅隔4个多月，12月22日火神再次降临城隍庙，东楼一角被毁，并殃及星宿殿和二十四司殿。迭经两次火灾，城隍庙已是断壁残垣面目全非。

城隍庙前摊贩云集

城隍庙火灾现场

被烧毁的城隍庙霍光殿

城市之根

8月大火后,就有人提议在城隍庙废址上兴建公共演讲厅或通俗教育博物馆,以提高国民素质。但是此议过于激进,未获各界响应。

邑庙董事会筹资重建城隍庙,黄金荣、杜月笙、张啸林分别捐资5万、1.5万、1万元。重建工程由公利打样公司顾道生、杨楚翘设计,久记营造厂承建,1926年4月动工。1927年10月24日,主体殿宇建成,霍光殿向香客开放。12月18日,城隍庙举行落成典礼。城隍秦裕伯的后裔秦锡田记云:"殿高四丈八尺,深六丈三尺三寸,以水泥为材料,不用一砖一木,而彩椽画栋,翠瓦朱檐,仍沿古神庙之仪制。"重建的城隍庙各殿均采用当时罕见的钢筋混凝土结构,以永远杜绝火患。

漫话上海文庙

顾延培

旧时上海城外的薛家浜流入城内后，分成几条支流。其中一支名叫外泮池（今文庙路），池北有座重建于清咸丰年间的古建筑群，即上海文庙。

上海文庙是今上海市中心区唯一遗存的祭孔圣地和县学学府。元至元三十一年（1294），元成宗宣旨崇儒祀孔。知县周汝楫改镇学为县学，并令县教谕于县署东首营建文庙，建有正殿、讲堂、斋舍等建筑。地址在县署东首，今聚奎街附近。元至大三年（1310），廉访佥司吴彦升巡视上海，嫌文庙简陋。邑士瞿廷发获准出资得官田15亩，于县治西建筑新文庙，地址在淘沙场，今孔家弄附近。元延祐元年（1314），县丞王珪又将文庙迁回县治东。迁回后，庙制比前增大，并开挖了天光云影池，地址在今四牌楼、学院路转角处。知县何缉又建明伦堂于大殿之左，还置乐器，作雅乐。明正统四年（1439），知县张祯建射亭、戟门，修斋宇、馔堂、殿庑、仪门等。正统九年（1444），巡按御史郑颙增建东西庑殿。明成化二十年（1484），知县刘琬建尊经阁于明伦堂后。明嘉靖九年（1530），改大成殿为先师庙，又建启圣祠。清顺治二年（1645），诏封孔子为"大成至圣文宣先师"。先师庙重改大成殿。康熙十年（1671），教谕陈迪建名宦祠、乡贤祠。雍正八年（1730），巡道王澄慧移驻上海，择东南隅建魁星阁。

这里应特别指出的是，当年在今四牌楼、学院路转角处的文庙，曾是上海小刀会起义军的总指挥部。那是在清咸丰年间，太平军攻占南京后，挥师直逼上海。与此同时，嘉定爆发两次农民起义，并占领县城。以刘丽川为首的上海小刀会，趁上海的大小官吏们集中在文庙举行祭孔活动时，发动了起义。他们头裹红巾，腰束红带，胸佩红缎布，手执器械旗号，兵分两路，一

文庙图书馆

路从北门突入,一路由东门攻进。起义军命令知县吴祖德投降,吴顽固不降,遂遭斩首示众;同时又把苏松太兵备道、美国买办吴健彰活捉,仅用了三个小时就胜利占领了上海县城。

小刀会占领上海县城后,就宣布建立大明国政权,刘丽川任大明国统理政教招讨大元帅,陈阿林任左元帅,潘起亮任飞虎将军,并以"剿灭贪官,以除残暴"为起义宗旨,要求百姓"士农工商,各安其业"。

小刀会起义总指挥部设在文庙明伦堂内,瞭望台设在文庙魁星阁上。城北指挥部设在方浜北岸今豫园点春堂内。

刘丽川委派陈阿林任城北指挥官,因此点春堂又被人称为"陈阿林公馆"。民间曾经流传陈阿林怒斩清军招降使者的故事。

地处今学院路的上海文庙在1854年清军进攻小刀会起义总部时被炮火摧毁。今天的上海文庙是清咸丰五年(1855)在明海防道署遗址上重建的,占地17亩许。现有七大建筑——大成殿、崇圣祠、东西庑殿、明伦堂、尊经阁、魁星阁、天光云影池,为上海市区最大的古建筑群。

1937年7月7日全面抗战爆发后,上海爱国人士于当年8月8日,在上海文庙明伦堂举行"国民救亡歌咏协会"成立大会。主席团成员有著名音乐家冼星海、孟波、麦新等11人。刚从日本回国的郭沫若和刚被营救出狱的沈钧儒、邹韬奋等抗日"七君子"也到会，并在大会上发表演说，号召民众起来抗日救国。会前，麦新将新创作的《大刀进行曲》在大成殿前进行试唱，群情振奋，越唱越响亮，麦新指挥得也越来越有劲，最后竟将指挥棒折断了。整个文庙沉浸在热烈而又悲壮的氛围中。

如今的上海文庙，已成为上海市民以及各地游客的重要游览景点。在这里，游客们会感受到一种浓郁的中国传统文化的韵味，从而流连忘返，不愿离去。

文庙尊经阁的变迁

顾延培

在封建社会中,文庙是庙学合一的机构,上海文庙自然也不例外。文庙在建制上,有个固定程式,即一般有三根纵轴线:一为祭祀线,由前往后(即由南向北)的建筑,依次为照壁、棂星门,泮池及横跨其上的三座石桥,大成门、大成殿,大成殿前两侧为庑殿,大成殿后为崇圣祠;二为学宫线,由前往后的建筑分别为学门、仪门、明伦堂,明伦堂东西两侧为听雨轩和杏廊、尊经阁;三为庙园线,由前往后分别为魁星阁、天光云影池、儒学署。

由此可知,尊经阁是文庙建制中不可或缺的建筑。它是贮六经、御制诸书及百家子集的藏书楼。上海文庙尊经阁始建于明成化二十年(1484),系两层砖木结构建筑,后毁于清咸丰三年(1853)清军讨伐小刀会战火中。清咸丰五年(1855),在原明海防道署废基上重建文庙,历一年建成,占地13.7亩,即今文庙路215号。1927年,上海特别市工务局拟将文庙改建为文庙公园,一、二期工程完成后,因资金短缺而停工。后交市教育局管理。市教育局于1931年12月将文庙改作上海市民众教育馆。当时上海没有市立公共图书馆,各界人士呼声甚高。市教育局经多方筹措了经费2万余元,便在尊经阁原址上建造了一座图书馆。该馆是中式大屋顶,碧瓦翘檐,下为四方形钢筋水泥墙体,南墙中间辟有月洞门式两个大门为入口处,屋中有四根圆柱,在圆柱与墙间搭建走马楼式的二楼,柱与柱间置1.4米高的栏杆,用作图书阅览,光线足,空气好。底楼北墙向前约2米处筑内墙,内为书库,置书架;内墙中间置长柜,以作借、还书之用。底层置长条桌椅,供读者阅读图书、查阅资料。此图书馆于1931年始建,至1932年6月建成,总面积为210平方米,藏书总量为2万余册。图书馆前有一个用砖块砌成的长方形荷花池，曾开过并蒂莲花，轰动上海城。池南有一株百年广玉兰，花开时节，清香四溢，沁人心脾。池南北置靠背长椅，供读者、游人憩息。此图书馆规模虽不大，却十分精致，环境又很优雅。这在房屋简陋、人口众多的老城厢中真是非常难得了。

1997年，复建的尊经阁（今称藏书楼）

1933年，当局认为上述图书馆较小，不能满足市民阅读需求，于是另觅新址，在府前右路与府南右路之间建造新馆，平面呈"工"字形的两层楼建筑，总面积为1 620平方米。1936年5月建成开放。在文庙内的市立图书馆则改名为南市分馆。

"文革"中，在文庙内图书馆的东侧建造了一个标准游泳池，该图书馆便被用作更衣室。1997年，由南市区人民政府拨款在该馆原址上重建两层楼尊经阁，建筑面积较前扩大，阁高约15米，底层面积约200平方米，上层面积约180平方米，飞檐翘角，槅扇长窗，俨然古代藏经阁风采。

2006年5月10日，殷一璀、杨晓渡等领导视察上海文庙后指示：文庙应增加儒家文化内涵，要恢复尊经阁藏书功能。

于是，在上海图书馆的支持下，恢复尊经阁藏书楼的原则和方案得以制订。同时，双方经过协商，达成共建意向，将上海文庙藏书楼（尊经阁）作为上海图书馆下属的"儒家经典（著作）展示基地"。上海图书馆还出借古籍儒家类著作计173种、786册图书，供上海文庙展示馆之用，填补藏书楼古籍图书紧缺。

上海文庙管理处有关人员经几个月的辛勤搜集、选购，共得儒学经典等古旧书籍228种,计15大类,共5 700册。其中古版善本珍品有百衲本《二十四史》、中华书局《四部丛刊》、清版《皇清经解》、元刻本《朱子大全别集》、明仿宋刻本《尔雅翼》、明初版《孟子集注大全》和《论语集注》等。

  2006年12月14日,黄浦区文化局在复建尊经阁前举行"上海文庙藏书楼落成典礼暨儒家经典展示基地开幕"仪式。从此这里成为上海市民学习和研究儒学家说的重要场所,也是2010年世博会期间各国游客参观游览的一个重要景点。

老城厢里的也是园

杨嘉祐

上海老城厢在明清时期,也是一座花园城市。志书上有记载的名园不下15处,如今仅存豫园。有几座园林虽废,却留下了地名,如露香园路、万竹街(万竹山房)、吾园街、小桃园路,还有一条也是园弄。称弄并不是因为园子小,这座也是园,过去也曾是一座具有一定规模的名园。

前身为明代南园

在乔家浜凝和桥南(今乔家路、凝和路),原有一幢古渡鹤楼,明天启年间(1621—1627)礼部郎中乔炜造了一座南园。乔炜的曾祖父乔镗,在嘉

吴友如《申江胜景图》中的也是园

靖年间，组织团练抗倭，保卫沿海的川沙堡一带（当时属上海县）。后来乔氏世居川沙，成为望族，人称"乔半城"，至今川沙镇尚有乔家弄，纪念乔镗的石牌坊在"文革"中被毁。乔炜一支移居上海城内，他是豫园主人潘允端弟允亮的外孙。允亮官做得不大，却是名士，擅书法、篆刻，摹刻"中国丛帖之祖"的《淳化阁帖》。嘉靖、万历年间，上海县竟有三家刻《淳化阁帖》，传为佳话。乔炜好学能文，外祖父潘允亮卒，全部（阁帖）石刻归到他手，置于南园，并增刻名书画家王穉登的题跋。

南园有明志堂、锦石亭、湛华堂、方壶、海上钓鳌处诸景点。凿地为池，叠石垒山，此与一般园林无异。唯池较大，植荷藻，夏日盛开红莲，为沪上一处胜景。至于假山，明代多用黄石堆砌，如豫园大假山、日涉园山、太仓王世贞弇园，均是造园高手张南阳之杰作，气势雄伟，宛若真山。明末清初，叠石名家张南垣创以土带石，俗谓"土包石"，以太湖石为骨架，局部覆土，露出石尖，星罗棋布，土上植树木花草，有山林之趣。南园之山即此类型，在当年亦属别树一帜。

清初，此园归遂安县令曹垂璨，做官非其志，他返回故里，从事诗文，著有《五石山房集》等，参与编纂康熙《上海县志》。

南园改名也是园

清嘉庆年间，该园为太学李心怡购得，改名也是园。早在乾隆年间，园之一隅，造了文昌阁。文昌是主宰人世功名利禄之神，文人学士多崇信。古园林内有祠庙，并非首创，但道士入也是园后，逐渐扩充，又建丰阁、雷祖殿，成了道观，名曰蕊珠宫，而园景如旧，仍为文人吟咏之地。

道光八年（1828），上海道台陈銮见园内水木清华，景色宜人，是静心读书的佳处，便在此设蕊珠书院，从敬业书院选出诸生36人，住院上课。同时，又建魁星阁、太乙莲舟等。陈銮官运亨通，不到十年升任江苏巡抚，两年后，又继林则徐署两江总督。蕊珠书院是总督创办，虽然没有多大成绩，而历任上海道台和知县都很关心，拿出自己的"养廉"充当书院开支，还增添园景。咸丰三年（1853）清军镇压小刀会起义，及同治元年（1862）英法军队入城助防，抵御太平军进攻，园景有所破坏。事后，又得道台、知县之助，不断维修、添景。光绪二年（1876），道台冯焌光在园西北建水阁，题名"淞波一霸楼"，内置一面大玻璃镜，将阁外水景游人、对岸景物都收入镜中，扩大视野，颜曰"在水一方"。陕西按察使王承基，上海人，书法得董其昌神髓，为该园书联"人镜芙蓉半潭秋水，公门桃李万榭春风"，又在方壶旧址筑水榭，其南可通至海上钓鳌处。光绪八年（1882），道台邵友濂改建湛华堂前厅，堂中有联："有堂有庭有楹有船有书有酒有歌有弦，无贫无贱无富无贵无将无迎无忌。"这是嘉庆年间道台李廷敬集唐白居易、宋邵康节之句，而由同治间书法家莫友芝题写的。

蕊珠宫亦大兴土木，建纯阳殿，悬一匾曰"尘飞不到"，道士说是吕纯阳的亲笔。光绪十九年（1893），名医张骧云（即申城妇孺皆知的张聋聱）出资重修纯阳殿，后面楼房由沪上众医师公建。昔时，八仙中的吕纯阳被医生、药铺奉为祖师之一。

沪上名流座上客

同光年间，达官贵人、三教九流、文人墨客都是也是园的座上客，他们既来书院，也往道观敬香，更在园内赏景。门户敞开，涉足的名流也不少。如题联的莫友芝，是南北闻名的书法家，得曾国藩的赏识。曾国藩数度出任两江总督，与莫友芝来沪，住在园内。同治三年（1864），因太平军进军上海失败，沪城又呈一片太平景象，有人向道台应宝时建议修订上海县志。应宝时是个喜欢风雅的人，欣然批准，设修志局于也是园，名南园志局，并请俞樾任总纂。这位曲园老人当时正在苏州主持紫阳书院，虽辞不获。全志由多人分纂，命俞樾统稿审阅，于是他奔走吴沪之间，最后以十个月时间完成。同治九年（1870）先在吴门刊行，次年全书十六卷在南园刻印重校本。

1918年，姚文枏等编纂的《上海县续志》也是在南园刊行。

清末名士王韬，熟悉中西文化，寓居上海13年，他与友朋常到老城内，游名园，逛寺庙。所撰《瀛壖杂志》，写到也是园、蕊珠宫及书院有五条。如记中秋夜晚，蕊珠宫有香斗会。吴地习俗八月半的夜晚，许多人家要点香斗，乃是用木板制成圆斗状，外圈以线香，斗内燃檀香，中间竖木柱，插彩色三角纸旗。蕊珠宫每年有特大香斗，游客纷至，平时足不出户的闺中妇女，也盛装前来，不免引来轻薄浪子，屡屡发生"性骚扰"。结果官府没有惩治这些人，却出告示严禁良家妇女夜游。夏日赏荷，成为沪人消暑胜地，园中辄设茶肆，游人杂沓。唯珠来阁是书院，不得入内。有人却到处可行，如洋务派得力的策划者冯桂芬，任敬业书院主讲，来蕊珠书院阅卷，却爱上了也是园的美景。他在日记中说：此处有亭，有桥，有池，农历三月底到池边赏荷，已见有的含苞欲放，清香扑鼻。多亏了这些名士的记述，使我们知道在洋场上的张园、愚园之前，也是园已是人文荟萃、名流毕至的园林了。

光绪三十二年（1906）废科举，影响全国文化教育和大批读书人，也是园内也发生变化，书院停办。士绅姚文枏等在珠来阁办师范班，又组学务公所。办学之风遍及各城市，上海尤盛，珠来阁中设立了普同义务小学堂。民国时，蕊珠宫内有慈善团立第一义务小学。抗战前，国民党的图书审查委员会曾在内办公。

日军烧杀毁名园

1937年11月，中国军队撤离上海，南市沦陷，遭到日军纵火烧杀，殃及也是园，建筑物多毁，地痞汉奸入园砍伐古树，园内狼藉不堪。抗战胜利后，在这片废墟上，不断有外来人口搭棚居住，原有景物荡然无存，仅残留不少太湖石，搬动不易，又不能利用，散落在民居门外或墙壁间。1956年在修复豫园工程中，需要一批太湖石修补假山，也是园的残石多被搬入豫园。

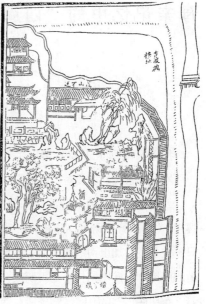

蕊珠宫景物（清同治《上海县志》）

后又发现一屋的墙壁间，嵌着一座立峰，姿态特异，求之不得，遂决定移入豫园。这座立峰从也是园搬到豫园，要经过不少小街小巷，虽非羊肠小道，但卡车与起重机自然无法通过。正在豫园快楼下施工的苏州假山工人，提出用土办法解决这一难题，他们以毛竹片编成板状，置峰石于其上，板下放多根粗圆而光滑的竹扛棒，工人们前拉后推，移动几步，后面的竹棒退出，放到前面，一步一步前行。日间恐怕妨碍行人交通，花了三个夜晚，才大功告成。1987年古园林专家陈从周主持修复豫园东部，将立峰竖立于水廊沿花墙一侧，这就是"玉玲珑"之外的豫园第二峰。根据石上刻有"积玉"二字，命名为"积玉峰"，水廊也就叫"积玉廊"。

母亲记忆中的"四牌楼"

汪丽筠

我母亲胡翠金于1898年出生在上海，1998年病逝在安徽合肥，享年一百岁。母亲生前总爱对我讲她少年时期在上海的生活。

大约在20世纪初，母亲随同外公外婆住在上海南市城隍庙附近的"四牌楼"（今四牌楼路）。那时的四牌楼，是条南北向狭窄的长街，石子路面，只一丈多宽，加上两边的阶沿也不足两丈，却是当时相当热闹的一条街。临街的房屋都是砖木结构，上下两层，上层住人，下层作铺面。沿街两旁开设着"荞头店""洋镜店""帽子店"等，常有人在店铺里隔着街面向对面店铺的熟人打招呼，说闲话。

每天街上行人、马车、黄包车来来往往。小贩挑着担子沿街叫卖，按季节不同，有叫卖"白糖梅子""桂花赤豆汤""糖炒栗子""虾仁小馄饨"等。到了傍晚，卖小吃的小贩有的把担子停在街沿边，有的停在楼房的窗户下，此起彼伏的叫卖声，引得楼房里的孩子们缠着父母要买小吃。这时大人就会从窗外垂下一只用绳子吊住的小竹篮，篮里放了盛器和钱，探头向下面的小贩说明要买哪样小吃。小贩接住篮子，按要求把小吃装在盛器里，把找下的零钱也放入小竹篮，再示意楼上人家将篮子吊上去。

四牌楼长街上，最热闹要算"迎神赛会"了。每逢这天，两边街沿上都站满了人，小孩挤来挤去凑热闹。不过总是要等待好久，"迎神赛会"的队伍才渐渐过来。开头是敲锣打鼓，一对对"肃静""回避"牌和旗、枪开道，后面是穿着号衣的小兵，再后面是穿着红布囚衣扮成"犯人"的还愿者，他们都是曾经生重病时许过愿，如今康复了便扮成"犯人"到城隍庙去还愿的。他们有的走几步就磕个头，有的颈上、手上和脚上挂着铁链，还有的用许多针刺进胸口或手腕,下面吊着个燃烧着的大香炉或一面大铜锣,边走边敲。那大香炉或大铜锣把皮肤拉得长长的,看起来很吓人。但据说只要心诚,皮肤就不会撕裂而掉下所吊的东西。如果皮肤撕裂掉下东西来,那就是心不诚,还愿不成功,还得下回再来。

老上海的迎神赛会

以上毕竟是"出会","犯人"和押解的"衙役"都是假扮的,虽看起来吓人,但心里并不真怕。母亲说,真怕人的是被绑着押在囚车上,经过四牌楼去"九亩地"杀头的真犯人。这些犯人有的吓得脸色煞白簌簌发抖,有的显得毫不在乎,还大声唱几句戏文。据说这样的犯人都是杀人不眨眼的江洋大盗,千万不能得罪他,可能路过什么店家或某户人家门口,他会突然要求停一停,要吃"断头面""断头饭"。据说这是长久沿袭下来的惯例,押解的人也会答应的。而那店家或那家人,必须用好酒好菜款待,丝毫不敢怠慢,要是惹恼了死囚,他就可能反咬一口,诬陷这家有什么人是他的同伙,或是赃物藏在里面,那这店家或人家就会遭殃。年少的母亲遇到这种场面,总是躲在大人身后面偷偷地看。

在慈禧太后70岁寿辰时,四牌楼长街上还举行过祝寿的灯谜活动。辛亥革命时,上海革命党人发动起义攻打"南铁厂"(江南造船局)的激烈枪声和喊声,在四牌楼也听得到。可惜这条长街上的房屋在1937年"八一三"抗战初期就被日机炸成一片废墟,虽然后来重建了四牌楼路及房屋,但都已不是原物了,然而这条路上曾经发生的一些往事,却一直留在母亲的记忆中。

上海旧城的两座黄道婆祠

示砚

黄道婆，宋末元初松江乌泥泾（今徐汇区华泾镇）人。夏衍在《关于黄道婆的通信》里，称她为"女中豪杰"，指出："黄道婆纺织机要比英国的纺织机早几百年"；黄道婆死后，乌泥泾百姓"莫不感恩洒泣而共葬之，又为立祠"。不过，黄道婆祠并非乌泥泾仅有，上海人崇敬黄道婆，曾多处建祠。清代上海城里就先后出现过两座，都建于当时上海名园内。

建于清乾隆年间的黄道婆祠，位于今黄浦区梅溪弄内。两百年前梅溪弄一带名为"梅溪"，溪水环抱，红梅遍植，颇有一番诗情画意。梅溪诱人，不仅因为它风景秀美，还因为流传有一个动人的故事。传说其时有个邑绅李某，每当夜间路过此地，常听到弄内朗朗读书声，并伴以嘎吱嘎吱纺车声。书声、机声在夜空中交织，此起彼伏，互相呼应。天天如此，寒暑不辍。李某感慨系之，就建造了一座黄道婆祠，意在激励里中读书人像黄道婆勤于纺织一样发奋读书。祠建成后，这一带读书风气果然日盛。上海最早的一座小学堂——梅溪学堂（梅溪小学前身），就创建于清光绪年间梅溪弄内。有趣的是，梅溪弄内黄道婆祠崇奉的塑像乃是一年轻漂亮的女子，这大概是人们将黄道婆形象神化、美化的缘故吧。

稍后，在清道光年间，离梅溪弄黄道婆祠不远，又出现一座先棉祠。先棉，是人们对黄道婆的尊称，有植棉祖师婆的含义。该祠位于当时上海名园吾园一侧，即今先棉祠街、吾园街附近。这里原为桃园，后为一富商购得，取名"吾园"，并在园内叠山凿池，广植花木，成为当时上海名园。清同治年间，吾园为上海道台丁日昌所得，并将它改建为龙门书院（今上海中学前身）。丁日昌其人在当时清廷官吏中，还算比较开明，他上台后实施了一系列新政,如兴办学校、开埠筑路等。为倡导优良学风,他将先棉祠交由书院管理,祠内奉有黄道婆塑像及神位。直至21世纪初,人们还见到过先棉祠门楼,气势恢弘。

上海的古城门

李金生

上海在元代建县,那时并未筑城,到了明朝,由于屡遭倭寇侵袭,于嘉靖三十二年(1553)仅花了三个月的时间,赶筑了一座高达两丈四尺,堞三千六百有奇,长达九华里的城墙。嗣后又增建箭台二十所,到万历年间在四所箭台上又修筑了大境阁等四座楼阁。

古时候,一般县城只设四座城门,可上海的县城却不然,先后共设十座城门。目前环城11路电车设有十个站,就是按一个城门设一个站,始建城墙时辟六个城门,到了清朝又增辟了四个城门。分别是:

一、朝宗门(大东门)寓意"江汉朝宗于海"(《书·禹贡》)。朝宗门在中华路复兴东路北面,方向正东。

二、宝带门(小东门)寓意"带必有佩玉"(《礼记·王藻》)。宝带门在人民路方浜路北面,方向朝东偏北。

三、跨龙门(大南门)寓意"飞龙在天,康王跨之"(《周易·乾》)。跨龙门的位置在中华路阜民路口,城门的方向正南。

四、朝阳门(小南门)寓意"若湛露之晞朝阳"(《籍田赋》)。朝阳门的位置于中华路黄家路口,城门方向朝南偏东。

五、仪凤门(老西门)寓意"仪凤者,示民轨仪也"(《国语·周语下》)。仪凤门的位置于复兴东路北面,城门的方向正西。

六、晏海门(老北门)寓意"四海晏如"(《汉书·诸侯王志》)。晏海门位于河南南路口,城门方向正北。

七、障川门(新北门)是清朝同治五年(1866)上海增辟的第七个城门。寓意"障其源而歇其水也"(《吕氏春秋·贡直》)。障川门位于人民路丽水路口,城门朝北偏东。

清宣统年间(1909—1910)上海又先后增辟三个城门。

八、尚文门(小西门)宣统元年辟,寓意"设神理以量俗,敷文化以柔远"(《曲水诗序》)。尚文门位于中华路尚文路口,城门方向朝西偏南。

九、拱辰门(小北门)宣统元年增辟,寓意"众星之拱北辰"(《籍田赋》)。拱辰门位于人民路大境路口,城门方向朝北偏西。

十、福佑门(新北门)宣统二年增辟,寓意"全寿富贵,佑贤辅徒"(《韩非子·解老》)。福佑门位于人民路福佑路口,城门方向朝东北。

由于几经沧桑,上海古城墙被毁被拆,如今只剩下大境台古城墙及大境阁,正在筹划重建,供海内外人士参观、游览。

上海的古建筑书隐楼

陈家骅

上海市区有一座古建筑——旧城东南隅天灯路77号的"书隐楼"。

书隐楼为清朝乾隆年间沈初所造。沈初,浙江平湖人,乾隆癸未榜眼。他曾任《四库全书》副总裁,历充礼部、兵部、吏部侍郎,河南、福建、江苏、江西学政及左都御史、军机大臣、兵部尚书等职,是当时炙手可热的人物。

书隐楼布局合理。前部有轿厅、大厅、话雨轩、戏台、船厅。其中船厅三面临水,上设船篷轩,形象逼真。后两进为两层楼房,四周封火墙高过屋脊,大门两侧都贴方砖,即所谓石库门。这两进防火措施严密,主要为藏书兼作居住之用,是原主人准备告老回籍读书隐居之所。

砖木雕刻艺术是书隐楼的独特珍品。精致的花墙、门头的凤穿牡丹、连锁图案的花窗令人眼花缭乱。这些图案大多是山水人物画,如三星祝寿、天官赐福、三国故事、汉宫秋、汾阳庆寿、二十四孝等,人物姿态生动逼真。除人物画外,还有细如毫发的大小狮子戏绣球的吼狮图、飞舞的蝙蝠、松鼠葡萄、二龙戏珠、鸾凤和鸣、八骏图等,千姿万态,栩栩如生。此外,尚有江南风光、江干城廓、长桥卧波、垂柳风帆、五福同庆等,构思奇巧。船厅檐枋上雕的"七月七日长生殿,夜半无人私语时",更是富有诗情画意。

特别值得推重的是大门头匾额"古训是式"周围的砖刻,还完美无缺地保存着原来的样式。四字出自《诗经·大雅·烝民》。当时乾隆皇八子永璇王府中有"古训堂",刊有《古训堂集》。沈初因对永璇表示尊敬而制此匾额。

书隐楼后来的主人姓郭。郭氏祖先原为福建漳州人,康熙年间移居台

被列为上海市文物保护单位书隐楼

湾,经营航海贸易,乾隆年间迁至上海,定居小东门外洋行街。十六铺金利源码头,即为郭家于两百年前迁沪后所建。郭家商船除往来沪台贩运棉糖外,还远航日本、南洋等地,出口丝茶和采购沉香、珍珠等货物。鸦片战争后,郭家的航海业受到冲击,到光绪八年郭家被迫结束经营一百多年的航海业,金利源码头也售给招商局。郭家便于此时迁到城内书隐楼居住。

令人忧虑的是,"文革"中在高墙西面建造高层厂房,因设计不合理,致使书隐楼十多米高的砖墙开裂,随时有倒塌的危险。现在,书隐楼已被列为市级文物保护单位,保护好这座市区仅有的古建筑,是我们义不容辞的责任。

当年我逛老城厢

郑建华

我在济南路住了半个世纪,那里曾是法租界,这条路还曾有过法国名字,叫平济利路。

我小时候,这条路还是弹硌路,也不通公交车,是个小有名气的旧木器家具市场。济南路的北端,还有座外国人的公墓,人们称之为外国坟山,就是现在的淮海公园,可见当年那里也算是城乡接合部了。住在那里的人们,自称是住在城外,与之相对的城里,是指中华路、人民路环线以内的老城厢。虽然城墙早已拆除了,但在人们的心目中,城里与城外还是两个概念。

上海人喜欢逛街,称之为"荡马路"。住在城外的上海人,到城里去荡荡小街巷,会有一种与荡南京路、淮海路不同的感觉,能看到一些在其他地方看不到的东西。

20世纪50年代,城隍庙里人流如织

城隍庙里　好吃多多

城隍庙是城里的商业中心，也是小时候荡得最多的地方。我父亲是做教师的，没有坐班制，自由度较大，伏案工作久了，就会叫上我一起去城里荡荡。

那时去城隍庙，通常是从方浜路走的。方浜路还是一条弹硌路，过人民路一路向东，弯弯曲曲走上一段，穿过河南南路，便可进入城隍庙的大门了。城隍庙大门对面有一座照壁，有两根旗杆，旗杆下是个规模不大的花市。

从大门进去是个广场，广场上有两个摊档，供应各种特色小吃。摊档呈长方形，用桌子围成，中间是操作区，师傅在里面烹饪，顾客围坐在外面，等食品端过来，有点像现在的铁板烧。摊档上有顶棚，虽不能遮风，但可挡雨。供应的品种有糖粥、血汤、油豆腐线粉等，我最爱吃的是煎面和煎馄饨。

城隍庙的大殿不是传统的木结构，而用了现代的钢筋水泥结构，据说是民国年间因失火而重建的，也有传说城隍老爷与火神菩萨不和，以致城隍庙失火，这当然更是无从考证的事了。

城隍庙里除了好吃的多，小商品也多，从针头线脑到鞋垫鞋带，几乎无所不有。记得当年有家瓶塞店，就在大新照相馆对面，仅有半开间门面，却是顾客盈门，小到十滴水瓶塞，大到卖棒冰的大口保温瓶盖，都可以在这里配到。要配瓶盖了，也成为父亲带我去城隍庙的一个理由。

城隍庙里还有茶馆书场，我还去听过一回书，那天父母带上我，一家三口一起去的。记得是在九曲桥边的一家茶馆里，除了提供茶水外，还有小贩穿梭其间，卖各种零食。那天说的是长篇评弹《三笑》中的一回，说书人是徐雪月和钟万红。我家平时并没有听书的习惯，这次主要是去看钟万红，据说她是交大教授的女儿，又是我阿姨的邻居，出于好奇，买票去听上一档。

这档书的内容我记不清了，只记得她们表演华太师两个痴呆儿子大踱和二刁的角色，实在是活灵活现，令人捧腹，虽然已经过去60多年了，依然记忆犹新。

城隍庙的后门边上，有一条叫旧校场路的小路，也是弹硌路。旧校场路的北端，有一家一开间门面的饭店，名字就叫老饭店。记得在60年代初，肚子不大有油水的日子里，一家三口在那里坐等几小时，终于点到了一只名叫"飞叫跳"的热炒，端上来的是鸡头、鸡脚炒鸡翅，虽然只吃到边角料，但也算是尝到了鸡的味道。

学宫街上　花鸟鱼虫

与城隍庙相比，文庙离我家更近，去的机会就更多了。放学以后，花上一个小时，就可去文庙打个来回。读小学时，参加美术兴趣小组，也常常会组织到文庙去写生，画那里的亭台楼阁。

那时去文庙，通常不从复兴路经老西门过去，而是从济南路向南，从肇周路中央面包厂旁边的弄堂里穿过去到方斜路，再穿过一条叫泰亨里的弄堂，直接到小西门文庙路。其实这样走并不一定近，但在弄堂里穿来穿去比较有趣。

文庙周边有好几所学校，有著名的敬业中学、市十中学、蓬莱路二小、梅溪小学等，均有几十年历史，甚至是百年老校了。文庙前门所在的文庙路以及邻近的学前街、学宫街、老道前街、梦花街上，都有不少卖文具、旧书和玩具的店铺，而最吸引我的是学宫街上卖花鸟鱼虫的摊档。

春天到来以后，首先登场的是蝌蚪，上海人叫"拿摩温"，学宫街上经营金鱼的摊档都会推出这一时令品种，至少有十几家。蝌蚪价钱很便宜，1分钱可以买到几十条。有一次我带个褐色的小药瓶去买，谈好价钱是1分钱50条，老板随意舀了一勺装进瓶里。我怀疑数量不足，老板同意当场清点，多退少补，结果还真多给了我3条。养蝌蚪比较简单，拿回家找个鱼缸或钵头养着，隔几天换换水，慢慢地看它们长出后腿，长出前腿，尾巴逐渐变短，最终变成小青蛙，然后拿到花坛里去放生。这种天天会发生变化的小生灵十分有趣，我几乎年年都会养一回。

蝌蚪变成青蛙后，蚕宝宝就上市了，文庙也有卖蚕宝宝的。养蚕要比养蝌蚪麻烦些，蚕要吃桑叶，而城市里很少有桑树，所以还得到文庙去向商贩买。桑叶两三天就干枯了，蚕不吃枯叶，而桑叶沾上水，蚕吃了会拉稀死掉，所以买了蚕就套牢了自己，每过两三天就要去一次文庙。蚕吃饱后，会把头抬得高高的，几天一动不动，用手碰它也没有反应，被称为"眠"。三眠过后，开始吐丝作茧，进去时是一条虫子，咬破茧子出来时，蜕变成一只蝴蝶了，实在是奥妙无穷。蝴蝶还会交尾产卵，不过在我手里从来没有孵出过小蚕来，来年还是去文庙买蚕。

到了秋天，文庙就成了蟋蟀的天下，学宫街成了蟋蟀市场。我小时候也养过几年，每天早上一只只捉出来格斗，打循环赛，把日冠军换到最好的盆里，可以玩上一上午。不过自上小学起，就不再玩蟋蟀了。

手工作坊　五花八门

城里的手工作坊，也是很有意思的。那时手工作坊规模不大，有的是前店后厂，更多的就在店堂里制作，站在店门口就可以看到师傅的操作，常常会吸引路人驻足观看。

老北门附近有一家纽扣作坊，只有一开间门面。店堂中放一架大的手工压机，下面一根镙杆，上面一个金属大凡尔。工人师傅把电玉粉放入模具中，放在压机下，使劲转动大凡尔，将模具压紧后再松开，一版纽扣就成型了，倒出来后再由其他工人修整，装入盒子，就算是成品了。每次路过此地，我都会站住看一会儿。

不远处还有一家做红木筷子的作坊，也只有一开间门面，屋子中央安装一个特殊的凳子，上面夹一块红木，两个工人一个站着，一个坐着拉大

城隍庙里的小摊

锯。他们用的锯子很特别,锯片薄而宽,锯子的开档很小,拉起来进刀很快,一会儿就能锯出一把筷子,再经人打磨、整理,就成为商品了。当时看人拉大锯,觉得很有趣,日后我自己学了木匠,才知道拉大锯是一档很辛苦的活儿。

此外,还有专车木栏杆的车木作坊,除了用电动机驱动的车头,其余全是手工操作,站在一边看木屑飞溅,颇觉畅快。还有专门箍桶的圆木作坊,编竹篮竹筐、做竹榻蒸笼的竹匠铺,这些行当都随着机械化大生产的发展,在20世纪七八十年代就消失了。

在我记忆中有两家手工作坊寿命较长,一直延续到21世纪初才消失。

在城隍庙前门的方浜路上,有一家修算盘的店铺。当年算盘是小学生的必需品,几乎是人手一架。算盘不但用于上课,还能用于打猫捉老鼠的游戏,甚至拖在地上当滑板,这样哪有不坏的?于是修算盘也是城里生意很兴旺的一个行当。方浜路上的那家修算盘铺,在豫园老街建成后还在营业,常常可以看到一位长者拿了一架大算盘,向人们讲解算盘的用法,还能说出用算盘的许多好处来。

在静修路上,有一家做杆秤的作坊,前两年还在生产,有工人拿着带重锤的惯性手工钻,在红木杆上打孔,然后镶入金属丝,做成刻度。那墙上还挂着不少成品,或许多少还有点生意。但随着电子秤的普及,杆秤失去了市场,这个作坊也随之消失了。前几天路过,这个门面已经改成一家烟店了。

城里还有两个有相当规模的市场,也在这两年消失了。

一个是位于大东门和小东门之间的东街旧货市场,主要经营旧机电产品

老城厢修伞、补锅的商店

和旧五金工具。逛东街也是相当有趣的，有时还会有点收获，我就曾在此花几块钱淘到过一只二手万用表。另一处是小南门的小石桥修配一条街，无论是家用电器还是旧钟坏表，都可以找到修理的商铺。不过随着生活水平的提高，修旧利废的需求越来越少，小石桥一条街也成为历史了。

老城隍庙风味小吃

吴祖德

上海的风味小吃，最有特色的当数当年城隍庙大殿前的小吃摊了。各种风味小吃有数十种之多，每一品种只要花几个铜板（最多也就只把角子），便能让你吃得津津有味，满嘴流油，齿颊留香，大快朵颐。

一分镶

所谓"一分镶"，即城隍庙著名小吃——糖粥。早在清光绪年间，有位绍兴人，在船舫厅前设了一副粥担，粥担的一头是一桶雪白的糯米粥，另一头是一桶赭红的赤豆糊。吃客入座，便以一勺白粥加一勺赤豆糊，一红一白对镶在一只蓝边海碗里。每碗售制钱七文，当时制钱七百文当纹银一两，七文制钱即一分银，所以老吃客们便称之为"一分镶"。久而久之，"一分镶"反倒代替了"糖粥"而喊出了名。后来船舫厅改建，绍兴人无处设担，竟不知去向。而庙前戏楼底下，又陆续出现了好几副糖粥担，学的便是绍兴人的"一分镶"风味。

无筋汤团

在"一分镶"糖粥摊西，石牌楼下有一个姓徐的孀妇，制作出售"无筋汤团"。这在民国初年也是十分著名的。它的特色是制作精细。每天大清早徐老婆婆就去菜市选择上好的菜蔬，回来后拣柔嫩的绿叶，剥去筋脉，洗净剁细成菜泥，其中再和入去网的猪油小块，伴以适量甜咸调味品制成馅，以上好的通白挂水糯米粉作皮。待顾客入座，她才当场摘面入馅捏成汤团下锅。故徐老婆婆的这种猪油菜馅汤团吃起来不粘不腻，入口融化，馅肥而不油，着实是风味独佳。由于她的摊位地近三牌楼，故时人都称为"三牌楼圆子"。

炉子面

自清乾隆十二年（1747）以来，城隍庙曾遭火灾七次，庙门戏楼被焚毁后便没有再重建起来。故庙中原先是不准起灶火做饭的，这就使那些在庙门内设摊的小吃担十分为难了。有个叫阿奎的卖馄饨面的小贩，他不肯放弃在庙门内做生意的机会。于是每天大清老早，就在庙外生好炉子后，再扛抬到庙内，傍晚落市后，再把炉灶抬到庙外。他在馄饨面的质量上极下功夫，他的面条细，下得熟而不烂，很有骨子，荤素面浇头也烧得十分入味。而他每天两次将炉灶搬进搬出的认真态度，又不啻是个极好的广告。八九十年前，吃食店、摊还不讲究招牌，城里人无以名之，便索性叫他"炉子面"。后来，禁例废除，可以起灶烧火，他又推出"煎面"，将面条煎得色泽黄亮，脆而不焦，于是得了个名称叫"两面黄"。

油氽臭豆腐

上海人有一样吃食，非但不嫌它臭反而有唯恐它臭得不透的，这就是"臭豆腐干"。在旧上海滩，这种臭豆腐干担子街路上是很多的，究其源，这一风味食品也出自城隍庙。百年前，城隍庙西辕门一侧，有个绍兴寡妇，她为了维持生计，将独子带大，便仿用在绍兴老家制作霉千张（即霉百叶）、霉麸，霉干菜的方法，将老豆腐置放在咸雪里蕻及笋片陈汁老麸中浸透发霉后，在油锅中氽熟，其味鲜美无比。从此，她便在西辕门侧隆顺素面馆面前，摆了一副担子，出售油氽臭豆腐干。五六十年间，担主传换了三代，竟然都是寡妇。于是,"寡妇臭豆腐干"名声远扬。

平望面筋

光绪年间,几个苏州平望人来到上海,为维持生计,便利用善于制作油面筋的手艺,设摊供应面筋页。他们的面筋做得形状大,厚薄均匀,大小匀落,再以鲜肉、笋丝和菜泥制成馅,填入油面筋中,另外将整张的百叶包了肉卷成铺盖状,六只百叶铺盖用线扎成一捆,和油面筋一起放在一大锅中,加入扁尖、香菇等煮汤,汤成则其味鲜美无比。此食品一经推出,便受到上海人的酷爱。面筋百叶买起来有单、双档之分,单档即面筋百叶各一件,而双档则倍之,每件仅卖四枚铜元。在面筋百叶摊的边上,正好有个摊头专卖荤素豆腐花,于是吃豆腐花的在隔壁摊上买个单档来垫垫饥,吃面筋百叶的在旁边摊上要碗豆腐花来品品味。这样,这两摊位上自早达晚,坐客常满,成为吃客光顾最多的风味食品之一。不几年,这几个平望摊主便在豫园后面钱粮厅开起了面筋百页的铺子,大大的铜锅子,焰着红火,腾着缕缕热气,很是招徕顾客。由于面筋百叶总是拼档供应,于是上海老吃客又称它为"鸳鸯"。

老城隍庙五香豆

王自强

到上海旅游，少有不逛老城隍庙的，到了城隍庙，大都会买包五香豆尝尝。"不尝老城隍庙的五香豆，就不算到过大上海。"这话虽然不无夸张，却也道出了这一享誉已久的小食品，在众多消费者心目中的魅力。

五香豆创制者是一个名叫郭瀛洲的江苏人。此人原籍江苏省扬中县，家有兄弟姐妹6人，少时在私塾里念过四年书，在烟烛店当过学徒。1927年，这个刚满18岁的年轻人来到上海滩，在南市的西姚家弄、阜民路一带，以摆书摊为业，过了10年艰难坎坷的生活。1937年日寇侵占上海，南市备受蹂躏，老城隍庙成了难民所。庙内"文萃堂"筷子店与"同人和"麻将骨牌店中间，原有一家"雷云轩"旱烟店，老板为避战乱，逃进租界，托当时在难民所避难的郭瀛洲代为看管。郭瀛洲有这么一个地盘便借此经营蜡烛、元宝、烟杂等商品，维持生计。

从茴香豆得到启发

那时茴香豆是上海市民所喜爱的消闲食品。邑庙小东门宝带弄口对面有个老山东摆的茴香豆摊，此人经营的茴香豆颇有特色：豆韧而不坚，软而不涩，十分可口，很受市民欢迎。郭瀛洲常去那个小摊，想摸点门儿，偷点关子，自己也好来做这门生意。无奈老山东总是守口如瓶，秘而不宣。郭瀛洲挽朋友去说项，表示愿意出钱学艺，也被婉言拒绝。不过他并不因此气馁，而是买茴香豆回去细细琢磨，终于悟出一些窍槛。从选料、配方到烹制，他并不照葫芦画瓢，而是别出心裁，制出色香味独具一格的五香豆。烹制这种豆的主要用料是糖精、食盐和香精，表层奶油色，五香扑鼻，甜而不腻，很像冰糖奶油制成的，便命名为"老城隍庙冰糖奶油五香豆"。这一小食品一经推出，竟收到意想不到的成功，茶楼酒肆纷纷向他要货，生意居然一下便发展起来。为了赢得消费者的信赖，他非常讲究产品质量。豆，专用吴江的"白蚕"，颗粒饱满，色泽纯正，有糯性，每斤都在400粒左右，又经严格筛选，剔除疵品，几乎颗颗都一样大小；配料和烧煮上也用了功夫。在经营上郭瀛洲也动足脑筋，他一改市场上惯用的三角包，而是用印有专用红字"兴隆记号"的牛皮纸袋，并且分装五分包、一角包、半斤包、一斤包，供人任意挑选。因此，他的奶油五香豆也就愈来愈受人欢迎。

两年后，随着生意日益兴旺，郭瀛洲便把"雷云轩旱烟店"改名为"兴隆郭记号"，专门经营起"城隍庙冰糖奶油五香豆"的零售兼批发生意来。

五香豆的激烈竞争

1941年，郭氏兄弟姐妹5人，先后来沪帮工，形成了一个初具规模的生产工场，设在现在的豫园商场晴雪坊里。原来两只柴爿炉子，每锅投料10斤，改为两眼灶头，每锅投料15斤，但配料与操作工艺仍由郭本人掌握。为使烧煮出来的五香豆更有光泽，他将原有的铁锅全部改为紫铜锅，使五香豆的质量有了新的突破，销量也直线上升。

郭瀛洲在销售上也很有特色，实行零售兼批发，小贩到他店里批发能得到比别人高的回扣，当天要货当天送，还派专人用自行车送货上公园、下戏院、走车站、跑码头，甚至到列车上推销。

奶油五香豆盈利丰厚，同行的激烈竞争也随之而来。1945年起，老城隍庙内先后出现了"陆记""吴记""王记""陈记""张记"等近十家经营奶油五香豆的店摊。他们中有直接向郭处批发后零售的，有从别处批发来零售的，也有自产自销的。竞争者的包装相似，商品相似，商标也相似，消费者一时难辨真伪，这对于郭瀛洲构成了极大威胁。

而令他最伤脑筋的对手却来自家庭内部。1948年，跟随他多年的四弟郭宗喜同他分道扬镳，另立了门户，在今九曲桥西首也摆出五香豆摊，打出的牌号是"与隆郭记号　老城隍庙奶油五香豆"（繁体字"与"与"兴"很相近），首先同他唱起了对台戏。接着，郭瀛洲的二弟、三弟与其他四个伙伴也离他而去，他们打出了"兄弟字号老城隍庙奶油五香豆"的招牌，都是自产自销。一时，在郭氏家族内部与外部同业之间形成了激烈的竞争。竞争对手都打出自己的王牌，推出各自的推销方式，以一决雌雄。

精心设计商标

为使自己多年来苦心经营的正宗名牌不致夭折，使消费者能辨别真伪，郭瀛洲决心在商标上击败对手。他向工商管理局申请商标注册登记，并请人精心设计了一组商标图案：正面顶上注明"真正老牌"，正上方印有龙珠一颗，内嵌他本人头像；左右两边立龙四条，龙尾相衔，上方左右为"双龙抢珠"，下方左右为"龙首昂立"，大有吞噬竞争者之势。上书"注册商标，兴隆照相为记"，旨在提示消费者"看人头像买货"。一般市民都有怕买冒牌货的心理，这一新商标一经推出，他的产品终于独占鳌头。郭瀛洲以龙作商标图案，据说是因为他当年在为雷云轩看管店铺时，一天晚上有条蛇绕于屋梁之上，他视作"神龙"，翻身下拜，祈求"神龙"助佑他发财致富。他一发迹，这一神话也就愈传愈神。

五十年过去了，经过公私合营、合并、改组、扩大，如今"兴隆郭记号"已为上海五香豆厂所取代。20世纪70年代时，它被列为上海特供商品之一，甚至进入锦江、和平等大饭店，供外宾品尝。1975年，柬埔寨国家元首诺罗敦·西哈努克亲王访沪时，专门由郭的四弟郭宗喜（现为上海五香豆厂炒货技师）亲手烧煮，送至豫园供亲王与贵宾们品尝。

在上海电视台《昨夜星辰》节目中，主持人叶惠贤问来自北京的电影明星李秀明："你最喜欢上海的什么特产？"她脱口而出："我最喜欢吃上海的老城隍庙奶油五香豆!"如今的奶油五香豆采用浙江余姚一带的优质白蚕豆"牛踏扁"制作,用液体香料烧煮,工艺改用蒸汽,不锈钢隔层锅,在色、香、味、形上又有了提高。到1990年底,它的销售网点,已扩展到全国27个省市、100多个城市,还远销国外,成为上海土特产中的一个名牌。

三名三高德兴馆

葛昆元

若干年前的一个仲夏，馆子里午时刚过，淅沥细雨，德兴馆里宾客尚未散尽。

突然，有一位四十来岁的中年人快步走进德兴馆，他一边脱着雨披，一边急切地问经理叶维火："这里是不是旧上海很有名气的本帮名店德兴馆？"

叶经理应道："正是。"

话音刚落，只见那人失声叫道："啊呀，我找得好苦！"

德兴馆外景

经理忙问原因。原来，那人的父亲赴台湾40余年，最近回到上海，一心想重新品尝德兴馆的名菜佳肴。而且，老人还凭着记忆能依稀记得德兴馆坐落在十六铺洋行街一带，要儿子快去预订一桌，合家团圆，共享佳肴。谁知，父亲忆及的地方，德兴馆馆已无踪影，害他找了好久。

叶经理听了煞是感动，热情邀请他一家来就餐，并说明德兴馆是1958年迁至此地的。

翌日晚上，那位台湾来的老上海与家人一来到德兴馆，张口就点出：虾籽大乌参、扣三丝、糟钵头、秃肺、汤卷、蟹黄油、下扒甩水、红烧鮰鱼、白切肉、冰糖元菜（甲鱼）等一连串德兴馆的本帮名菜，随后笑眯眯地问道："这些菜，我过去是非常喜欢吃的，不晓得今天能吃到哦？"叶经理听罢含笑说："保证供应，并请您老人家品尝时多提宝贵意见，看看小菜味道是否与过去的一样。"

这一晚，老人吃得非常高兴，连连夸奖："味道好，味道好！德兴馆不减当年！"

过了两天，老人又在德兴馆设宴招待亲朋好友，仍然吃得津津有味。

上海德兴馆与上海老饭店、老正兴同为上海本帮菜的名店，都有较长的历史，其中又以德兴馆的资格最老，距今已有百余年的历史，真可谓本帮名店之首了。

从小吃店到德兴馆

19世纪80年代初，上海浦东有一名叫阿生的小商贩，认为买间房子开爿小吃店肯定能赚钱。光绪九年(1883)他买下十六铺高桥路2号（旧时又称洋行街，今名真如路2号）的两小间门面办起了一家小吃店，专卖诸如豆腐汤、血汤、红烧肉等大众饭菜。

但他苦撑几年，钱没赚到，倒背了一身债，最后不得已将小店卖给了一个叫万云生的老板，回乡去了。

万云生原是经营建筑业的老板，他见饮食业盈利快，便先后开办了大吉楼酒店、德顺馆、大兴馆；他买下阿生的小吃店后，立即在原址翻建三层楼面的饭店，取名为"德兴馆"。底楼仍然供应大众菜，二楼为中档酒菜，三楼辟为雅室，专门接待上流社会人士。

万云生财大气粗，关系又多，因此，德兴馆刚开始时倒也门庭若市。但他对饮食行业是个外行，饭店没有特色菜，对顾客缺乏吸引力，不少人吃过一次，就无意再来。更令人费解的是，他竟聘用了一个既不懂行、年纪又大的瘾君子来当经理，结果越办越糟。到了1932年"一·二八"战争爆发前夕万云生故世后，万家小开索性将德兴馆盘给了南市天主堂街晋成钱庄的老板吴炳英。

这位吴老板也不谙此道，找了人当经理，依然毫无起色，加之日军侵略上海的威胁日益明显，搅得人心惶惶，德兴馆的生意也就越发难以维持。最后，吴炳英不得不在1937年"八一三"淞沪抗战之后将德兴馆盘给了十六铺一带的"头子活，路道粗"的白相人吴全贵。

吴全贵创出本帮特色

这个吴全贵虽是白相人，做生意却颇精通，先前，他已在十六铺开了一家民生织布厂、一爿泰兴公土行以及几爿典当行，生意竟然都蛮兴隆。他拜大流氓黄金荣为老头子，后台硬，势力大，是十六铺一带的大亨。

他原是德兴馆的常客，德兴馆办得没有起色的症结他心中有数。于是，他自盘进德兴馆之日起，便亲任经理，花钱装修店堂，决心将德兴馆办成上海滩上数一数二的名店。

欲创名店，必先创出名菜。德兴馆地处十六铺，背靠老城厢，来往客商和食客以上海本地人为多，若将德兴馆办成一家颇具特色的本帮菜馆，必然会受到人们欢迎。前几位老板的失败恰恰在于德兴馆没有特色。于是，吴全贵首先在创造本帮特色菜上下功夫。

早在上海开埠前,上海浦东等地的农民就非常喜欢食用猪内脏,并习惯用自制的香糟卤作配料,再加蒜叶烩制,吃时味道特别香鲜,取名为"糟钵头"。吴全贵立即将"糟钵头"引进来,选料求精,改进烩制,创出一道特色菜。在店堂一供应,果然一炮打响,顾客非常欢迎。20世纪30年代末,德兴馆的糟钵头已闻名上海滩。

当年的洋行街上,鱼行、盐行、土行、百货行等生意都不错,唯独那个乌凤海味行的生意总不太好。一日,海味行的老板兴冲冲地走进德兴馆对吴全贵说:"馆子要办好,必须要有几道高档的名菜,你说对哦?"吴老板点头称是。海味行老板接着便说:"若要做高档的名菜,海参、鱼翅是少不了的。吴老板倘若需要,敝行愿意效劳。"并表示,在试制菜肴阶段,无偿提供海参。

吴全贵听后一方面觉得,这家伙是跑到我这里来推销他的海参了;另一方面也觉得他讲得有道理,与自己要多创几道特色名菜的想法正合拍,便笑着问:"贵行有哪些高档海参?"

海味行老板忙介绍说:"敝行经营的高档海参都是进口货:有美国旧金山的'金山赤'、南洋群岛的乌元海参以及朝鲜海参。这些海参不仅大,而且在水里浸泡不会烂。"

吴老板听了当即拍板:今后乌凤海味行的进口海参全部由德兴馆包了。他还请海味行老板来教厨师如何发海参,如何用钢炭烧海参。

厨师杨和生聪明伶俐,与另一位厨师蔡福森将大乌参先经火苗烤、铲壳、清水浸泡(发海参的器皿绝对不能有油腻)、旺火烧;然后,再用热油稍炸,再加笋片、酱油、白糖、味精、高汤、干河虾籽焖烧,最后,起锅前用从德国或日本北海道进口的菱粉勾虾籽卤淋于大乌参上装盘。只见此菜乌光油亮,卤汁稠浓,吃来软润香糯,酥烂不碎,可谓色香味俱佳,遂定名为"虾籽大乌参",成为德兴馆又一道名菜。

之后,吴全贵一鼓作气,吸取上海民间菜肴的精华,加以改进,创出诸如秃肺、下扒甩水、扣三丝、汤卷、冰糖元菜等几十种名菜,奠定了德兴馆本帮名店的地位。

在用料上，他十分讲究。鸡，必须是黄嘴黄脚的浦东万祥鸡，专门由一个姓赵的浦东人送来；猪肉，指定由老城厢菜市街肉庄张老板送来；虾籽，一定要到苏北产虾区收购河虾回来加工制成；青鱼，则必须在七斤以上……

吴全贵在店堂里总是脸带微笑，顾客光临，他必热情相迎，抽烟的，他就敬根烟；不会抽烟的，他马上要伙计上茶、递热毛巾擦脸。吴老板还常走到桌边征求吃客的意见，随时改进。如此一段日子下来，德兴馆里果然天天客满，好不兴旺，终于以自己的特色名菜和优质服务在名店如林的上海滩上站住脚跟。

蒋经国写条子解决无米之炊

名店、名菜声誉日隆，引来了各界名人光临德兴馆。

"三分手艺，七分捧场"，吴全贵深谙此中奥秘。他常去请黄金荣赏脸来德兴馆捧场，而黄金荣本是"天吃星"，故此，几乎每月必来一次。

抗战期间，上海陷落敌手。汪伪76号特务头子李士群、吴四宝等汉奸也常到德兴馆来，尤其是吴四宝每次来，都是一串十几部车子，门口布岗，路边放哨，如临大敌；吴四宝走进德兴馆时，都是腰插双枪，肩挂子弹。他手下的"五虎将"更是个个张牙舞爪，吆五喝六，吓得老板伙计腿脚打颤，顾客吓得跑个精光。还有一次，他们竟开来70多辆车子，把德兴馆团团围住，待他们吃饱喝足，扬长而去，才得正常营业。

抗战胜利后，德兴馆里又常有许多国民党要人来光顾。蒋经国来的次数是比较多的。他每次来都是两三个人，常常身着一袭竹布长衫，对人倒还和气，要上虾籽大乌参、鸡圈肉等爱吃的菜，小酌一顿，吃毕付了账悄然离去。之后，来的次数多了，他与老板伙计便熟悉起来，有时也会闲聊几句。

1948年秋，上海物价飞涨，商品抢购一空，粮食尤其紧缺，许多饭馆酒楼因买不到米而不得不关门。德兴馆也是眼看店中米缸即将掏空，一筹莫展。

一天时近中午，大家正朝店门口打量着出入的顾客，苦苦寻觅着解危良策。倏然，大家眼睛一亮，只见蒋经国一行三人正走进店来，赶忙笑容满面地迎上前去，接上三楼，安排蒋经国等就座，捧上名肴佳酿。待蒋经国酒足饭饱与站立一旁的伙计陆宝贤等人闲聊时，陆趁机向蒋经国谈了德兴馆面临的困境。蒋经国听后，微微点头，略作思索后，从衣袋里掏出钢笔，在一张白纸上写了几行字，抬头对陆宝贤等人说，你们拿了这张纸条子，赶快到八仙桥万昌米店找万墨林老板想想办法。

送走蒋经国等人后，账房持条火速赶到万昌米店，将条子交给万老板。果然，第二天一大早，万昌米店就给德兴馆送来满满一卡车大米。

空军司令酒席间哀叹大势已去

在光顾德兴馆的国民党要人中，高级将领不少。当时身为装甲兵司令的蒋纬国也常邀上五六个军人来此吃喝，这些将领酒酣耳热之时，也会吐出些心里话。1949年春，解放大军即将渡江南下，一天晚上，空军司令周至柔在德兴馆请客，陈诚等陆海空三军高级将领整整坐满三桌，个个愁眉不展，无精打采。在谈论了当前局势之后，只听周至柔叹了一口长气，悲戚地说："我们是搞不好了，共军快要打过来了。我们还是走了，让共产党来管管吧。"言毕，抬手将杯中物一饮而尽。此话此景，正好让送菜进去的一位青年伙计看到和听到。今天，这位七旬老人对此仍记忆犹新。

杜月笙离开上海前夕，还特地要管家去德兴馆订了一桌菜，送到现在的锦江饭店，请张澜、黄炎培等人吃饭。

《上海滩》创刊前夕，本刊记者访问徐铸成先生，徐老谈起：他前年赴港，邀国民党"立法委员"卜少夫先生一叙。席间，卜先生还探问：当年的德兴馆还在吗？这也可见德兴馆在人们心目中的地位了。

邓小平"希望保持特色"

新中国建立后，党和国家领导人十分关心德兴馆的发展。上海刚解放，陈毅市长就曾请宋庆龄先生到德兴馆品尝名菜，并与职工们亲切交谈。

1959年秋，有一天德兴馆经理接到通知：晚上有中央领导同志来吃饭。闻此喜讯，职工们心情激动，工作分外认真。果然，到了傍晚时分，德兴馆门口停下几辆高级轿车，从车里先后走下朱德、邓小平、陈云等中央领导同志，他们在上海市委第一书记柯庆施的陪同下步入店堂，同职工们亲切握手，视察了店堂各部位，然后登上三楼用餐。饭毕，邓小平对职工们说："菜不错，但条件是差些，希望保持特色。"

孰料，"文革"一起，德兴馆惨遭厄运，金字招牌被改成"工农兵饭店"，只许卖大众饭菜，本帮特色一扫而光。

粉碎"四人帮"后，德兴馆不仅恢复了原店名，而且立即恢复本帮菜特色，重振昔日雄风，不久，就吸引来大批新老顾客，盛况空前。1985年德兴馆重新装修后，魏文伯同志特地题写了店招。

现任经理叶维火，年仅40多岁，但老成持重，他始终认为邓小平同志要德兴馆"保持特色"的话颇有道理，丝毫不为近年来社会上刮的各种"风"所动，坚持继承和发扬本帮菜的传统特色，以高质量、高服务、高风格来开创德兴馆的新前途。

如今，德兴馆已拥有700多平方米的店堂面积，60多名职工，营业额逐年攀升、不断创新高。

近十年来，许多国际友人、港澳台同胞、海外侨胞纷纷慕名前来品尝德兴馆的正宗本帮名菜，赞誉有加。其中有一个美国朋友回国后，在《华盛顿邮报》上发表了一篇题为《中国大陆吃与看》的文章,曾这样赞美上海德兴馆:"我们到过中国大陆的北京、天津、广州等地的大宾馆,吃过许多中国菜,唯上海德兴馆的菜肴滋味最好,吃后回味无穷……"

名菜名人老饭店

葛昆元

老顾客叫出了"老饭店"

上海城隍庙的"上海老饭店"的得名说来话长。

1875年,浦东川沙张焕英夫妇来到上海县城,租下了旧校场路上一间狭小的街面房子,开了爿小饭店。张老板为图吉利,取名"荣顺馆"。

小店里只能放下两张半饭桌(其中一张靠墙),厨房里只有两只炉子四只眼(旧式两眼炮台炉灶)。但是,张焕英烹调精湛,制作地道,不仅糟钵

城隍庙里的上海老饭店

头、大乌参、青鱼秃肺、乳腐肉等本帮特色菜烧得色香味俱全，就连黄豆肉丝汤之类的廉价菜也做得一丝不苟。加之老板娘待客热情周到，且利薄价廉，于是，"荣顺馆"宾至如归，时间不长，便远近闻名，来往客商、走卒贩夫、当地居民都喜欢来店中盘桓小酌，生意非常兴隆。上海人向来有将常去的地方，称为"老地方"的习惯，老顾客们相互间谈起"荣顺馆"时便也亲切地称之为"老饭店"，日子久了，"老饭店"便叫顺了口，而其原名"荣顺馆"反而湮没无闻了。1965年，店堂扩建时，当地政府遂正式将"荣顺馆"更名为"上海老饭店"。

"上海老饭店"重振雄风是20世纪八九十年代的事。他们烹制的具有传统特色的本帮名菜吸引了海内外广大食客，其中不仅有上海与外省市的顾客，还有港澳台的"老上海"和众多国际知名人士乃至国家元首。

白杨盛赞"扣三丝"

有不少人认为，"重油赤酱，汤宽色红"是本帮菜的全部传统特色；其实不然，本帮菜中也有不少味淡汤清、色泽明丽的名肴。

著名电影演员白杨生性喜食清淡素雅的菜肴。一次，她随同一个参观团游览了豫园后，被安排在老饭店吃午饭。起初，她觉得这家不起眼的小店能有什么好菜呢？

谁知，老饭店的厨师善察人意，捧上来的皆是清鲜素雅的菜肴。当白杨见到桌上的一道"扣三丝"时，不禁惊叹不已。她看着这盘细似棉线的火腿丝、鸡肉丝和冬笋丝烹制的，红白黄相间，汤汁清澈的名菜，竟像观赏一件精致的工艺品一样，久久不忍下箸。事后，她还特地撰文写下自己当时的心情："我在上海居住了好多年，最初对本地名菜扣三丝一无所知，朋友向我推荐，也引不起我的兴趣。有一天，在老饭店吃了这个菜，竟出乎意料，猛一看汤碗中间堆着的红白黄色彩分明，像一个馒头，细看竟是一根根比火柴梗还细的丝，排得齐齐整整，堆砌得圆滚滚的，当挥动筷子，把火腿、鸡肉、冬笋和鲜猪肉的鲜嫩细丝送进嘴里细细咀嚼，又喝着清醇的汤汁，这才觉得风味醇正爽口，咽下肚去，还觉得回味无穷，给我留下印象难以忘怀。从此，我不但爱吃这个菜，而且也常向朋友推荐了。"

难怪有一次，上海越剧名伶傅全香、范瑞娟、吴小楼、尹桂芳、吕瑞英、周宝奎、戚雅仙、孟莉英、金采风等在老饭店美餐一顿后，会在留言簿上留下"老饭店，我们来迟了！"的感叹。

陈冲：糟钵头，味道好极了！

糟钵头，是老上海和美食家津津乐道的本帮名菜，早在上海开埠前，浦东一带的农家就喜欢食用猪内脏，他们以猪心、肺、肝等内脏作原料，配以香糟卤，加上青蒜叶烩制，入口特别鲜美。以后，这味农家菜渐入饭馆酒肆。到了20世纪二三十年代，糟钵头已闻名上海滩，沪上名人如鲁迅、周信芳等都喜欢来品尝。

几十年来，老饭店一直保留着这味菜。1989年春节期间，旅美影星陈冲回到上海探亲访友，著名导演谢晋特邀她到老饭店尝尝家乡菜，专门点了"糟钵头"。起先，陈冲瞧着那大瓷碗内的猪心、猪肺、猪肝不敢贸然下筷，只觉得有一股糟香扑鼻而来。

谢晋瞧着她笑笑说："你尝一块试试。"说毕，自己先夹了一块放进口中。

陈冲跟着放胆夹了一块送入嘴里，竟是满口鲜美。这一下，陈冲竟欲罢不能，埋头一连吃了好几块。最后，她用筷子敲敲空瓷碗，赞美道："真想不到，这只糟钵头，味道实在好极了！"

谢晋与周围的人都会意地笑了。

谢晋接着陈冲话茬对服务员说："这盛糟钵头的细瓷碗，如果换上过去的粗钵头，就更有味道了。"

服务员笑道："谢导真是老吃客。"

有一年春天，台湾歌星童安格也慕名来到老饭店尝本帮菜，吃完，他高兴地对服务员说:"上海菜真配胃口。"并乘兴在他就餐的玉兰厅拍照留念。

台北"老上海" 点吃"秃肺"

"秃肺",是用6斤以上青鱼的夹肝烩制而成,也是出自浦东农家的一味家常菜。

有一天,已是下午两点,午市已过。一位离开上海40余年的台北郑姓老伯,刚到上海就急不可待地带着孙女,一路打听寻到老饭店,张口就点了"青鱼秃肺"和"咸肉荠菜豆腐汤"两道菜。服务员感到为难,因为午市已过,青鱼已卖光,荠菜也用完。特级厨师、全国劳动纪念奖章获得者李伯荣副经理为郑老伯浓厚的故乡情所感动,连忙热情安排了他们两人的座位后,自己立即跑到市场买了10条6斤以上的青鱼和2斤荠菜,为郑老伯做了"青鱼秃肺"和"咸肉荠菜豆腐汤"。郑老伯一经品尝,顿觉神清气爽,心情愉快。他感谢老饭店帮他实现了四十年来的夙愿,并特地在《新民晚报》上撰文赞扬了老饭店。

为总统拟定的菜单

1991年12月12日上午,万国和经理突然接到上级通知,马耳他总统文森特·塔博恩在副市长庄晓天、卫生部长陈敏章陪同下游览了豫园后将来老饭店午餐。

事关重大。万经理放下话筒,立刻召集特级厨师李伯荣等同志紧急商议如何接待好总统一行。老饭店虽然接待过许多国际友人,但接待国家元首还是头一遭,大家不免有些紧张。副经理李伯荣建议,这位总统周游世界,尝遍各国名菜,但本帮菜不一定尝过,我们不妨精心拟定一份菜单,精心烹制。

众人皆表赞成。万经理接着说:"不过,总统年事已高,不宜多吃浓油赤酱的含骨菜点。"

支部书记陈福根应和着说:"有道理,这份菜单由李师傅亲自拟定,其他同志各自做好准备工作,保证总统高兴而来,满意而归。"

李伯荣沉思片刻,在一张白纸上挥笔写就一份总统菜单,其中6只热炒:清炒虾仁、蟹粉豆腐、脆皮花卷、荠菜冬笋、三鲜鱼肚、韭黄鳝背,一只清汤鱼圆,另有枣泥酥、香菇菜包、鱼茸春卷、藕粉汤圆、香麻软脯5道点心。众人传阅后,一片叫好。因为这份菜单既富有本帮菜的传统特色,也吸取了各帮菜点的长处,清淡素雅,无骨软糯,汤汁清澈,入口鲜美。

然后,由李伯荣挑选几名助手亲自下厨烹制。当这套菜点捧上桌子时,只见总统起身逐个观赏,饶有兴味。当总统首先尝了一口鱼茸春卷,脸上露出满意的笑容时,大家也轻松地笑了。

餐毕,庄晓天副市长高兴地对几位店领导说:"老饭店的菜味道不错,点心也不错,总统也很满意。今后要多带些外宾来这里品尝本帮菜,加深他们对上海的印象。"

果然,不久他们又接待了来上海访问的一位蒙古部长会议副主席,同样博得满堂彩。

梅溪：中国人创办的第一所新式学校

徐本仁

鸦片战争以后，官学名存实亡。洋务运动的一些代表人物，把兴学作为富国强民的重要手段。1895年甲午战争之后，大量西方的社会科学传入中国，使中国的教育发生了一定的变革，1902年公布的"壬寅学制"和1904年施行的"癸卯学制"就是明显的标志，它规定了各级各类学堂的修业年限、入学条件、课程设置及相互衔接关系。这一学制的施行，标志着封建传统学校的结束，中国教育近代化的开始。而早在施行"癸卯学制"的20多年前，在上海的老城厢，就已有这样一所施行新学制的学校，它就是中国人自己办的第一所新式学校——正蒙书院（后改称梅溪书院）。

教育救国　张焕纶筹资办小学

梅溪书院创始人张焕纶

梅溪书院的创办人张焕纶，字经甫，号经堂，1846年出生于上海县城内梅溪弄一个书香门第，幼年随父识字读书，青年时入龙门书院求学。在龙门书院，他并不拘泥于迂腐空疏的义理、考据，而是热衷于与国计民生有关的经世之学。在学习经书之余，他对地理学、军事学都进行了深入的研究。在中国边界战事依然频繁的当时，这两门学科成为很多爱国志士留意考究的对象。张焕纶钻研这两门学问，其意正是为了借此"为经世之本"。

张焕纶一方面耳闻目睹了外国侵略者欺凌、掠夺中国人民的种种暴行，一方面也痛切地感受到当时中国的愚昧落后，雪耻救国与启蒙发聩两种思想同时在他心中潜滋暗长。然而，救国雪耻的力量何在？方法何在？他像当时很多志士仁人一样，在黑暗中思考求索，种种救国的方略在他心中酝酿。

他曾向两广总督张之洞建议，为对付西人的新式枪炮和边患频仍的局势，要加强防守，广求边才；他也曾向即将接任驻英法公使的曾纪泽提出，面对英国势力顶峰已过，俄国势力急剧扩张的形势，宜"固结英好，以弭俄患"。而特别值得一提的是，1878年张焕纶已言明，西方富强之本不在"炮械之利"，而在于先进的政治制度。由此，他明确地提出了教育救国的思想。

他向曾纪泽提出了"教者政之本，教成政则"的思想，并满怀信心地指出"世运无盛衰，转移人才始"的规律。其实这也是他创办正蒙书院以至毕生致力于新式教育的原因所在。然而，办教育应从哪里着手？张焕纶感到启蒙必须从小开始，所以他决定从小学办起。

1878年12月，张焕纶在上海县城小西门的梅溪一侧，创立了正蒙书院。除了张焕纶外，还有他在龙门书院的同学沈成浩、徐基德、范本礼、叶茂春、张焕符等，他们分别任教数学、化学、舆地、体育等课和管理校务。书院经费全由私人捐助，各位创办人或出房屋、或出钱钞、或捐助校用杂物。

书院初创时，由于缺乏经费，教员教书纯尽义务，均不取报酬。开始，社会上对书院持怀疑态度，入院就读的学生很少。经教员、校董动员，并送自己子弟入学，才有四十来名学生。后来，由于办学成果显现，学生逐年增加，到1882年已有学生近百人，成为一所颇具规模的学校。这一年，苏松太道邵友濂因钦佩张焕纶执着的办学精神，拨银4 200多两，钱6 000多缗，为学堂改建校舍，还新建了洋文书馆，并聘请了通晓西文的人员任教。这样，正蒙书院已成为一所公办的学堂了。此时，张焕纶向邵友濂建议：书院"考其地，正当县志梅溪故址"，改称梅溪书院为妥。邵友濂同意了这一建议，1882年，正蒙书院改名为梅溪书院。1902年，清廷令各地书院改为学

1925年梅溪小学高小毕业生合影

校,梅溪书院又改为官立梅溪学校。民国以后,称市立梅溪小学校。1949年新中国建立后一度改为蓬莱路第一小学,1986年又恢复为梅溪小学。

成绩卓然　冯国璋颁匾作表彰

正蒙书院虽然沿用了旧式书院的名称,但教学目的、内容、方法都与旧式书院有很大的不同。张焕纶明确规定,"不授帖括,以明义理、识时务为宗旨"。学校课程设置、学生组织管理、作息制度都参照西方学校。课程有国文、舆地、经史、时务、格致、数学、歌诗等,1884年后又增设了外语(英文、法文),还有内容丰富的体育游戏课。教学方法也与旧式书院迥然不同。因之,师生关系比较融洽,不再像旧式书院里师生之间俨若猫鼠的关系。

在学校中,张焕纶要求对学生进行爱国教育和军事训练。中法战争爆发时,他让学生接受军训,并带领学生夜巡城厢。市民们在夜深人静之时,只要听到整齐的脚步声,便知道是梅溪的学生在夜巡。

张焕纶在学校里废帖括、讲时务、教外语、进行军训,激起了封建士大夫的强烈反对。然而,张焕纶的改革毕竟顺应了时代的潮流,最终还是得到

1917年临时大总统冯国璋为梅溪小学建校40周年题匾庆贺

了社会的肯定。1917年12月梅溪小学举行建校40周年纪念会,临时大总统冯国璋特颁匾额,上书"成绩卓然",江苏省省长齐耀林也颁发了"学津先觉"的匾额,著名教育家黄炎培则作了"吾国教育上海发达最早,而上海教育梅溪实开其先"的题词,可见梅溪学校在当时的地位。

初露才华　胡适之就读新学堂

1904年2月,14岁的胡适随三哥来到上海。这年春天,他来梅溪学校就读。由于初来的学生以前没有学过算学和英文,因此,梅溪以学生的国文程度作为分班的标准。先生问胡适可曾开笔做过文章,一身乡下人打扮的胡适回答说"没有"。于是先生就把他编入了第五班,并发给了他三本文明书局编印的课本:《蒙学读本》《华英初阶》和《笔算数学》。第五班是学校中最低的一个班,相当于小学一年级。

初夏的一天,教《蒙学读本》的沈先生读书时念了一段引语:"传曰,二人同心,其利断金。同心之言,其臭如兰。"接着,先生说这是《左传》上的话。没等先生讲完,胡适就拿着书走到先生桌前低声说:"这个'传曰'的'传'是《易经》的《系辞传》,不是《左传》。"沈先生脸红了,问他读过哪些经书。胡适回答说除了读过《易经》外,还读过《诗经》《书经》《礼记》。先生脸上露出赞赏的神色,出了个"孝悌说"的题目让胡适做做看。

不多时，胡适写了100多字交了上去。先生看了，即将胡适领到了楼下的二班。这样胡适一下子从第五班升到了第二班。

不久，二哥从武汉给胡适带来了《明治维新三十年史》《新民丛报汇编》等维新派的书。以前胡适从没接触过维新学说介绍和提出的改良主张，这使胡适颇有振聋发聩之感。回到学校，他如饥似渴地读了起来，几个同学也争相传阅，并常在一起议论维新一类的话题。一天，有位同学借来了一本邹容的《革命军》，胡适到上海不久就听到许多关于《苏报》案邹容在狱中不屈不挠的斗争事迹，因此读《革命军》时一种崇敬的心情油然而生。大家决定将书抄下来。于是，每晚在舍监查夜过后，胡适和几个同学偷偷起床，借着烛光，抄完了全书。

这期间，上海滩发生了一个宁波木匠被一名俄国水兵无故砍杀的事件。胡适说："上海道护沙俄侵略者，我们写信骂袁树勋一顿如何？"这一建议立即得到众人的赞同，并决定以匿名的形式写。信发出后，解了胡适等人心中的怒气。1904年底，胡适等4人因成绩优秀，学校准备送他们去上海道衙门参加考试。胡适和另两人决定罢考。为了不让学校知道，他们在考试前就离开了学校，让上海道出了不大不小的洋相。第二年春天，胡适进入了上海的澄衷学堂。在那里，胡适又读了严复翻译的《天演论》和梁实秋的《中国学术思想变迁之大势》等著作，这为他后来成为新文化运动的倡导者奠定了思想基础。

利用矛盾　地下党发动"总请假"

张焕纶的"雪耻救国"思想深深地影响着梅溪的教师和学生，激励着他们顺应历史潮流，参加救国爱国的社会活动和革命斗争。

1919年北京爆发了震惊中外的五四运动。5月7日下午，上海各团体、学校、商帮在西门外公共体育场召开国民大会声援北京学生，到会者超过2万人。梅溪小学的120名学生作为唯一的一所小学的代表，与众多的大学、

梅溪小学的童子军参加课间劳动

梅溪小学童子军利用黑板报报道时事

中学的学生一起参加了集会。整个会场群情激奋，口号震天。

1948年11月，混在教育界的国民党CC系与三青团之间的矛盾加剧，他们都想借群众的名义来压倒对方，以维护自己所谓的"威信"。上海教育界的中共地下组织，决定抓住这个有利时机，领导和发动群众，以"总请假"名义进行一次罢教斗争。

11月中旬，三青团为了打击国民党CC系，以市"小教联合会"的名义召开教师代表座谈会，表示他们对教师的关怀与同情，企图往自己脸上贴金。梅溪小学的陆矛岗老师按照地下党的指示，利用这次会议揭露敌人，发动群众。那天，会议主持者假惺惺地说，如今物价飞涨，政府又想不到大家，想听听各位的疾苦与要求，并表示可以代表教师联合会要求政府改善教师的生活待遇。于是与会者议论纷纷，诉说小学教师的困苦，且有的人情绪比较激动。陆老师当即抓住这个机会，站起来发言说："既然联合会如此关心我们教师的生活，那我们要求提高薪金，增加配给物品，以救燃眉之急。大家应该说干就干，现在就设计印发一张表格，交给与会代表带回校去，发动教师签名。如果达不到我们的要求，那么我们就向中教看齐，小教界也只得来个'总请假'！"代表们听了陆老师的发言，热烈鼓掌表示赞同。于是陆老师就和大家一起起草请愿要求，并设计油印表格，分发给每一位代表。这下，会议的性质变了，三青团攻击国民党CC系，笼络人心的会议，变成了我们地下党发动教师进行罢教斗争的动员会。会后，代表们将表格带回学校，各校教师得到消息，都踊跃签名。

两天后，国民党CC系的学校掌权者，为了对抗三青团，欺骗教师，也以他们的外围组织"教师联谊会"的名义，召开全市公立小学教师代表会议，也说是关心教师，听取意见。陆矛岗老师第一个站起来发言："我们公教人员目前生活十分艰苦，物价还在飞涨，实在活不下去了。政府当局应立即拿出办法来，改善我们的生活，否则我们也只能像中教一样'总请假'了！"陆老师的发言，刺痛了上海市教育局局长李熙谋。他竟然怒形于色，指着陆老师大声问道："你是什么学校的？叫什么名字？"陆老师镇定地回答："梅溪国民小学的陆矛岗。"李熙谋记下了陆的姓名和校名。他的蛮横行径，激起了与会教师的强烈不满，大家纷纷站起来责问他："为什么要问人家名字？""是不是想报复？"李熙谋非但没能把代表们的不满情绪压下去，反而激怒了与会教师代表，最后会议通过了"总请假"的决议。全市市立小学教师"总请假"三天后，市教育局被迫答应了大家提出的部分要求。

一百多年来，梅溪为国家培养了众多的杰出人才，校友遍布国内外。如美国教育委员会委员徐百益、中国药理会副理事长吴宗光、著名电视节目主持人陈铎、复旦大学党委书记秦绍德等，都曾就读于梅溪小学。

面向贫民子弟的万竹小学

徐本仁

"只收贫儿来学习"

1911年2月,地理学者李廷翰和他刚从日本女中毕业的妹妹李廷慧,受上海自治公所委托,在老城厢露香园万竹山房这块六亩七分地的废墟上,筹建上海第一所市立小学——上海市立万竹小学。学校初创时为初等小学。李廷翰校长把办学作为救国的途径,他认为"国之富强,不在于少数之特别

20世纪20年代的万竹小学

人才，而在于多数之普通国民。而养成国民者，实责在小学"，因此，"小学校实之为国家之基础"。根据这一办学思想，学校把贫民子女作为招生对象，"学校只收贫儿来学习"，要"规划贫儿一生"，让学校生活成为儿童一生"幸福的起点"。学校把"留意儿童身心之发育""培养国民道德之基础""授以生活所必需之知识技能"作为办学宗旨。根据教学需要，学校分男女两部，男部大门向东，临露香园路；女部大门向北，临万竹街。1914年春，女部增设补修课，开始修高小课程。男子部的校训为"勤勉亲爱刚直"，女子部的校训为"纯朴信爱奋勉"。当时人们对学校的评价是："编制男女合校，不致浪取经费，男女分部，不致破坏风俗……而万竹小学异于寻常小学。"

开办之初，学生多，教员少，而孩子们大都衣衫不整，有的孩子连脸都没洗干净。于是，李校长的母亲、夫人、妹妹都到学校来帮忙，"替小孩子洗脸、结带，携着他们的手在操场上走"。初创时期的万竹小学，专家参观之后作出评价说："万竹小学以狭小之校舍，容数百儿童，以二十余教员，成数千国民，而反能收圆满之效果，此万竹小学异于寻常小学者。"几年的办

李廷翰

李廷慧

建校初期的教学楼

学，万竹小学成果丰硕，赢得了良好的声誉，被社会誉为"办学形神兼备"，获得了"编制严密，学事发达，形式与精神俱备"的评价。1919年，万竹小学被国民政府教育部评为全国11家优良小学之一。蒋经国、蒋纬国也曾在万竹就读。1920年李廷翰辞去校长职务后，男女两部改制为男女两校，李廷翰的得意门生朱开乾出任男校校长，女校则由李廷慧任校长。1927年国民党党部收回学校管理权之后，朱开乾便离校从商。1928年秋，学校实施男女同校。

1937年8月，淞沪抗战爆发，侵略者的炮声打乱了正常的学习生活，日军在老城厢燃起战火，学校一夜之间被敌军占领，成为日寇的军营。万竹小学的师生，勇敢地守护着国格与人格的尊严。为不让日军接管，他们到租界租房辗转办学。学校以"私立阜春小学"为名，在辣斐德路（今复兴中路）的比德小学、威海卫路（今威海路）的民智小学、苏神父路（今合肥路）的新德小学以及一些民房里隐蔽办学，管理上仍延用万竹旧制。尽管学校分散在各处，教学地点又经常变化，但老师们还是坚持教书，学生们仍然坚持学习。1945年抗战胜利，当师生们回到老城厢时，学校已面目全非，铁扶手、铁栏杆都已被拆除，课桌椅烧成了焦炭，垃圾如山，一片狼藉。师生们齐心协力，用手抬用肩扛，修复校园。到1945年10月，学校完成了初步整修，改名为上海市第三区中心国民学校，元气大伤的万竹小学又开始了新的教育征程。解放初，校名又改为上海市邑庙区中心小学。1956年，上海市人民政府将该校改名为上海市实验小学。

登门邀请穷孩子上学

李廷翰出生于嘉定，自幼聪慧好学，6岁识字一千，9岁就能读小说。学习改变了他的人生，也让他体会到了教育的作用与意义，使他一生与教育结下了不解的情缘。19岁时，李廷翰在家乡办了一所小学，母亲叮嘱他说："你做过贫儿，知道贫儿的苦，才能够教育好贫儿。时化小学是初办的贫儿小学，你就去吧。"于是，青年时代的李廷翰就开始了办学实践，贫民教育在他思想中扎下了根。

李廷翰创办万竹小学后，提出学校专收贫民孩子。当时社会上对教育好贫民子女普遍持怀疑态度，很多文化人甚至有些教育界人士都认为"贫儿之不可教也"。面对这些说法，李廷翰说："孩子们来自贫民家庭，生活环境的窘迫，父母长辈为谋生而奔波，无暇顾及子女，教育本来就是教化人的工作，所以我们的工作对这些孩子而言意义是巨大的。想想我自己，也是因为有了教育才知书达礼的。"

那么，怎么样才能把"贫儿"招到学校里来读书呢？按照当时小学招生的一般方法，就是通过报纸登广告，但是贫儿的父母一般都不订报，也不识字，这个办法不能用。于是李廷翰决定用上门发送广告的方法，将招生信息告知地区内贫儿家长们。为了让贫儿的家长看得懂，李廷翰经过反复推敲，决定招生信息只用简单的语言来表达："某地有某校不收学费,有儿尽可往读。"

由于贫儿家长多老实巴交少交际,学校特意挑选了一些容貌可亲、态度和蔼的教师来发送招生信息。为了让这些家长信任学校,学校请求当地乡绅陪同教师一起上门。临行前,李校长还不住地关照,只要亲切地送上广告,不必多作解释,一定不要让家长多受惊。就这样,经过几个月的努力,万竹小学迎来了第一批贫儿学生。

让贫儿来校读书,并非一帆风顺。一次,一个名叫李珍的同学要求退学,李校长赶紧同班主任一起去家访。这是一个贫苦人家,两人刚走到李珍家的门口,令人心酸的一幕便跃入眼帘:才10岁的李珍戴着一副袖套,系着大人的围裙,脸上、鼻子上沾满了黑灰,两只小手使劲地捏着大而笨重的锅铲,在一口大锅里吃力地搅拌着,生怕稀饭烧煳了。后屋里传来了重重的咳嗽声,李珍的父亲病得不轻。当李廷翰得知李珍主要是因为家境贫困买不起学习用品而要求退学时,他诚恳地对李珍的父亲说:"明天让李珍来上学吧,再困难也得让孩子读书懂道理,将来你们家才能过上好日子啊!至于你的困难,学校一定会帮助解决的,学校不仅是学知识,还要教学生学做人。如果你对我李廷翰的为人信得过的话,明天还是让孩子来读书吧!"一席话,让李珍的父亲感动得热泪盈眶,他忙让李珍给校长和班主任下跪致谢,被李校长拦住了。

回校的路上,李校长对班主任说:"这些家庭要培育出一个有知识、有文化的孩子是非常不容易的,但是只有让他们的孩子学知识学文化,才不会祖祖辈辈受穷啊!我们不能不理解他们的家庭、他们的家长,不能落下一个学生啊,我们共勉吧!"

一年之后,万竹小学"招收贫儿"已家喻户晓了,招生再也不需要像第一年那样走家串户了。到了第三届、第四届招生时,万竹进入了"前辈毕业后辈继"的发展期,在社会上赢得了很好的声誉。为了能进入这所小学,有些经济情况较好的父母竟然开始"充贫"。作为校长,李廷翰当然知道,如果能收些家庭背景比较好的孩子，教育效果也许能更好些，但他依然坚持着贫民教育的理想。他说："多收一个伪贫儿，即真贫儿多一人失学。"于是他在招生原则中明确提出："招生考试不问科学，只关心其家庭贫否。"学校设计了一张特殊的招生表格，除了要填写儿童姓名、年龄外，还要填写衣服、手足、居住房屋、饮食、父母职业、以前读书处、学费、兄弟读书处、家中人数等相关内容。李校长告诉教师们：姓名等内容，可以随问随填，而衣服、手足则依靠目力之考察。对"衣服"这一栏的观察，李校长特别关照，富家子可以"衣破其外衣"，所以要观察其内衣"美好"与否，还有手的粗细，必可以判断其家庭的贫富，必须仔细看。除此之外，还要问清楚家里的房子是不是自己的，对于所有的信息，都要详细记录。

李校长独创管理"十忌"

为了实现贫民教育思想，李廷翰考虑得非常周密细致。其中，更为主要的是体现在学校管理、课程设置和教育教学上。尤其是他确定的"管理十忌"十分有针对性。比如"忌快"，因为贫儿学生入学前都没有上过幼儿园，也没有良好的家庭教育，没有什么规范的行为，所以如果新生一入校就发布各项规则来要求其遵守，学生会觉得不适应，不快乐。又如"忌粗"，贫儿学生刚入校时，必然有很多无礼的举动，如果教师过粗地处理的话，就会产生不良的后果。所以教师要衡情察理，考其原由，证以事实而加之判断。再比如"忌刻"，贫儿学生常以贫穷为羞，教师却要以此来激励其进取，绝不可把话说得太刻薄，否则贫儿学生必怀疑教师看不起自己而从此消沉。即使遇到学生有不规矩及不文明的举动，也要把他叫到没人的地方悄悄地谈话。下次如果再有过失，万不可再提前事。其他还有"忌乱"、"忌呆"（管理不要呆板）、"忌轻"（教师也要处处检点自我）、"忌强"（教师有错不可强辩）、"忌偏"（教师对学生不可偏爱）、"忌怒"和"忌尽"（教师要讲究管理方法）。"管理十忌"在贫儿学生教育上起到很好的作用，贫儿学生很小便受到尊重,树立自信,走上社会后能成为一个自立的人。

万竹小学先进的教育理念,也吸引了来自社会各界人士的子弟。从万竹走出的莘莘学子,在社会各个领域中,彰显了出众的才华,建立了辉煌的业绩。如著名

钱龙韬的小学毕业证书

的物理学家周培源、杰出电影表演艺术家陈述、被誉为"战地黄花"的共产党员张碧珍、"金星金笔厂"的创办人汤蒂茵、新中国外交史上第17位女大

周总理在第一届全国科技工艺品展览会上参观邑庙区中心小学(原万竹小学)制作的气象台模型

使施燕华、台湾经济掌门人钱龙韬、80年代中国女排的主力二传手周鹿敏、东京上普大学经济学教授陆丁、著名评弹艺术家蒋玉泉、画家陈秋草以及蒋经国、蒋纬国等,都在万竹小学留下了他们幼年时求学的足迹。

20世纪五六十年代,万竹改为实验小学后,积极探索小学学制改革,率先将小学的六年制改为五年制,增加了劳动教育、课外活动,开展少先队工作,组织学生自建养殖场,建立小小气象台,为周围居民提供天气预报。气象台在第一届全国科技工艺品展览会上获得一等奖,周总理曾饶有兴趣地参观了展品。70年代,实验小学开展"加强双基,培养能力,发展智力"的综合教育研究,形成了独具一格的作文教学、自然教学、体育教学等经验。80年代,从育人为先的理念出发,实验小学进行了"小学生共产主义思想启蒙教育"的研究。90年代,围绕21世纪中国儿童"聪慧、品优、勇顽"的基本特点,学校初步建立了与之相关的学科教学、实践活动等教育内容。90年代中期,实验小学率先进行了信息技术与学科教学研究。跨世纪之际,学校响亮地提出了"开放教育"的教育理念,为学生的个性得到充分自由地发展奠定了基础,教育改革又迈开了新的步伐。

"孜孜矻矻,不息地自强","蓬蓬勃勃,不断地向上",这是19世纪初由赵元任先生撰写的校歌歌词。正是秉承了这种精神,这所历史名校"不息地自强","不断地向上"。实验小学先后被评为上海市文明单位、上海市教科研先进集体、上海市绿色学校,成为全国现代教育实验学校、全国创造教育实践基地。实验创新的精神,让百年老校活力涌动;孜孜不倦的追求,成就了学校百年辉煌。

上海中学世纪沧桑

周明发

读书先要会疑，学须于无疑中寻找疑处，方为有得。

——龙门书院屏壁题辞

苏松太道丁日昌创办龙门书院

春夏之交，记者来到了位于上中路的上海中学采访。走进校园犹如迈入了一座偌大的花园，草木繁茂，鲜花盛开。它占地面积320亩，位居沪上名校前茅。它的前身是龙门书院，创建于同治四年（1865）。书院由热心洋务的苏松太道丁日昌集银千两创建，院址设在当时的上海县城南园原蕊珠书院湛华堂内（今黄浦区凝和路乔家路口）。后应宝时继任苏松太道，在吾园旧址（今黄浦区尚文路）兴建书院院舍。

书院创建之初，注重学问贴近实际，每月讲解性理策论，住院肄业诸生额定30名，每年11月由道台甄别。应宝时在其撰写的《龙门书院记》里曾阐述开办龙门书院的目的是"所以储人才备国家之用也"。他对学生的素质

龙门书院、龙门师范校舍一角

要求是,"主敬涵养以立其本,读书穷理以致其知,身体力行以践其实"。"思""知""行"三位一体,可谓其办学思想的精髓。书院"按月分课,以《性理精义》《小学》《近思录》等书命题,兼及经解史论。考取入院者,每月别给膏火"。

据胡适《书院制史》记载,当时龙门书院还开设了"天文、算学、地理、历史、声、光、化、电等近代科学"。对当时龙门书院的学风,胡适也曾撰文称:"上海龙门书院学生,无一不有自由研究的态度,虽旧有山长(指老师),不过为学问上之顾问,至于研究发明,仍视平日自修的程度如何。"书院屏壁有题辞曰:"读书先要会疑,学须于无疑中寻找疑处,方为有得。"

龙门书院初创,"先后所延山长皆品学素著者",第一、第二任山长为平湖顾访溪、兴国万清轩。1867年起由兴化刘熙载任山长凡14年。其时顾访溪、万清轩、刘熙载等皆为学者名流,其中刘氏曾任广东学政,系理学名儒,他们"先后主讲,甚负时望"。慕名而归者有汪人骥、姚元钲、张焕纶、姚文栋、李平书、范本礼、沈同一等,日后皆有建树。

留美硕士郑通和主持迁校

1905年,龙门书院改名为苏松太道立龙门师范学校,1910年又改名为江苏省立第二师范学校。1927年春,国民政府建都南京。不久,他们将江苏公立商业专门学校和江苏省立第三学校、第四学校的部分学生并入江苏省立第二师范学校,并改名为江苏省立上海中学,设初中部、高中部。高中部又分设普通科、师范科和商科,后又增设了理科、工科,停办了普通科与师范科。

当年9月,毕业于南开大学的留美教育硕士郑通和(1898—1985)出任江苏省立上海中学校长。据其1982年在台湾撰文回忆,当时"上海中学"初中部设在上海小西门二师原址,高中部设在陆家浜商专原址。高、初中分设两处,联系管理均感不便,且两处均在市区,校舍破旧,占地太少无法扩展。故拟将初高中两处校址出售，另在上海郊区购地建筑新校舍。自1930年开始构想，拟订具体计划，做出校舍平面图，不料"九一八""一·二八"事件相继发生，迁校计划被迫搁置。直至1932年5月"淞沪协定"签字以后才重新启动。经反复努力，于1934年春，在当时的漕泾区沪闵路吴家巷（即今上中路校址）购地460亩，开始建设新校舍，并于是年年底落成。"当学校迁校期间，同时加强教学之改进与训导之设施，校誉日隆"。1935—1937年，每年会考成绩，上海中学均得冠军。作为一校之长，郑通和在职期间"自始至终与全校师生共同生活，每日升降旗、早操、军训以及课外活动等，均亲自参加；四季均着学校制服，从无例外"；"凡服务成绩卓越之教师均优礼有加，

江苏省立上海中学

其教学或办事较差者，多积极鼓励其进修，俾能逐渐改进，故上中全体教职员服务精神甚佳，使学校有辉煌灿烂之成就"。抗战期间，上海中学校舍毁损三分之一，全部设备荡然无存。抗战结束后，经努力于1946年在原址复校。

1946年，郑通和先生离任后，由时任教育部简任督学兼中央大学教授的留美教育博士沈亦珍先生接任。沈先生接任后提出了"乐观、进取、牺牲、合作"八字，作为复校工作的精神基础，并提出

郑通和校长

"德、智、体、群、美五育并重，而以人格陶冶为依归"的教育方针，使上海中学得到了进一步的发展。有史料记载，当时该校教育质量为中外人士所瞩目，国内外教育界人士纷纷到上海中学参观。上海中学学生生活照片还曾送墨西哥联合国文教会展览。1948年，沈亦珍赴英国考察教育，曾放映携带去的反映上海中学全貌的影片，受到好评。

中联部长钱李仁回忆"上中"学运

据曾任中共中央对外联络部部长、人民日报社社长的上海中学1942届校友钱李仁回忆，解放前的上海中学，是一所国民党控制较严、教学水平较高、具有一定声望的中学，也是中共领导下的学生运动开展较早的一所学校。

早在1925年，中国共产党著名的领导人恽代英、杨贤江和林钧就曾到江苏省立第二师范学校（上海中学前身）作过演讲。"五卅惨案"发生时，该校学生中的共产党员赵一帆等三名同学参加了斗争行列。1927年"四一二"反革命政变后，赵一帆组织和参加了工人纠察队，王育文回家乡江苏如皋组织武装斗争，因叛徒出卖被困房内，奋勇抵抗，壮烈牺牲。

1938年初，上海中学学生在"市学生界救亡协会"的推动下，组织了上谊剧社。进步学生姚旭等人组织到古拔路（今富民路）的伤兵医院，演出《八一三之夜》《锄头底下有自由》等抗日话剧，慰问伤员。1939年2月，上海中学秘密建立了中国共产党第一个学生支部，最早的党员有陈鸿堤、顾振沪、冯宝章、陆文达、方玉书等。是年秋，上海中学党支部由龚占洪（张莫棠）、徐惠元、徐沛身组成，龚占洪为书记，上级联系人是张本。党支部指出，党员和"学协"成员要以抓各班的班会工作为主，开展多种多样适合各种对象的活动。由此，党的团结面扩大了，党和群众的关系更加密切了。

1940年4月27日（农历三月二十九日），是黄花岗起义纪念日。在地下学运的领导下，上海中学各班分别集会，追忆先烈、声讨汪贼，群情激昂，并发起从4月28日罢课三天的"反汪罢课"。据当时《大美晚报》刊登的上海中学同学文稿称,4月28日那天一早,"细雨蒙蒙中,1 000多个同学肃立在操场上,不管风雨的袭击,热烈地开着反汪大会。此时此刻,我们的心目中只有一个共同的目标——肃清汉奸汪派走狗!在同学的共同努力之下,在一致的检举之下,果然赶走了两个汉奸"。反汪斗争使上海中学同学看到了自己的力量,提高了信心,也使更多同学认识到抗战、团结、进步三者不可分的道理。同时,有力地打击了汪伪勾结顽固派迫使上海中学登记投降的阴谋。对上海中学的反汪斗争,当时上海好几家报刊和通讯社都作了报道。其中4月出版的《上海周报》发表题为《论上海的学生运动》一文中就着重指出:"最近省上中的驱奸运动,也颇引人注目。"反汪斗争后,校方开除了不少党员学生,留下的党员只剩下李名瑜、苏振家、钱李仁三位。党组织决定他们留校坚持工作,并从校外调来刘起林,组成新的党支部,由刘起林任支部书记,上级联系人是沈韦良。同时从留校的积极分子中陆续发展了一些党员。从1941年夏起,上级改派吴学谦联系上海中学学生支部。至1942年夏,上海中学的党员人数已达到50人左右。

　　1946年,上海中学迁返吴家巷后,校方加强了对学生的控制。党支部克服困难,坚持正常活动和组织生活,并强调党员要学好功课,因为这本身具有很强的政治意义。如党员孙浩然在班上和站在国民党方面的同学辩论时局问题时,对方说孙是共产党,但孙功课很好,待人热情诚恳,同学们就认为,如果孙是共产党,那样的人不是很好吗?这一年的6月23日,上海爆发全市性的反内战大游行,校方严禁同学参加,且学校远在南郊,去北站集合十分困难。党支部事先精心策划,由党员陈海耕事先接洽好车辆,是日清晨大卡车由城区直接向校内开去,当场动员数以百计的同学参加,使校方一时措手不及。事后,陈海耕、周碧云两人被校方扣发毕业文凭,另外少数同学受了处分,但通过这次活动,越来越多的上海中学同学提高了觉悟。据钱李仁等老同志回忆,从1939年2月建立第一个学生党支部至1949年上海解放,上海中学的共产党员人数累计有189人。

前辈校长叶克平治校有方

叶克平校长

上海解放后,上海中学校长任期最长、对办学风格影响最大的是叶克平校长。

早年参加革命活动的叶克平在1931年"九一八"事变后,曾担任上海市中学生抗日救国联合会常务理事。1932年被捕入狱,后经沈钧儒先生的营救出狱。1932年8月,叶克平从上海新陆师范毕业,从此开始了从教生涯。1946年2月,叶克平参加了中国共产党。新中国成立后,他先后担任江湾中学和晋元中学校长。1954年,他奉调上海中学,先后任副校长、校长兼书记,直到1990年离休。他把自己一生最宝贵的一段岁月都奉献给了上海中学。1984年,上海市人民政府授予他"上海中学名誉校长"的光荣称号。2000年4月,他在病中,倾一生积蓄10万元,设立了"上海中学叶克平奖学金",奖励品学兼优的学子。

叶克平校长治校严谨,重学问,重真才实学,重品性人格,尤为重视的是教师队伍的建设。1956年,上海全市共评出一级教师48名,上海中学就占了6名,为全市之冠。在叶校长的领导之下,上海中学逐步产生了余元庆、余元希、杨逢挺、顾锦城、徐子威、褚圻、朱风豪、娄博生、唐秀颖、顾巧英等10大名师。为了支援教育事业的发展,他们之中有不少分别被调往高校任教,并担任正副系主任等职。

"文革"中,上海中学因被江青点名为"培养修正主义苗子"而被关闭8年,后一度改为所谓的"样板戏学校",直至1978年复校。复校那阵子,工作千头万绪,叶克平校长千方百计从各地调回了部分老教师,并从其他学校请来不少中年骨干教师，使上海中学的师资队伍较快地走出了青黄不接的困境，为上海中学以后的振兴奠定了基础。

数学特级教师唐秀颖与生物特级教师顾巧英在上海中学任职都达50年之久。中国科学院院长周光召就曾是唐秀颖老师最喜欢的学生。顾巧英老师还是上海中学的校友。多少年过去了，她依然记得当年国难当头、上海沦为孤岛的岁月里，她在上海中学求学时学习都德的《最后一课》与陆游《示儿》一诗时"老师讲得声泪俱下，同学满堂唏嘘啜泣"的情景。从此以后，老师当年这种教书育人、忧国忧民的崇高气节深深地铭刻在她的心里。在一篇《我的理想和志愿》的作文里，她表明了自己的心愿："我愿做一名为国育才的教师。"老师给她的朱批是"其志可嘉"。在其后的教学生涯里，顾巧英因材施教，硕果累累，并出版了《顾巧英的生物教学》与《顾巧英的植物学、动物学课》两本专著。

独腿将军陆载德功勋卓著

早在20世纪初，龙门书院就为国家培养了一大批杰出的人才。其中有无产阶级革命家徐特立，有开中国新式小学教育先河、创办了梅溪书院后又兼领敬业书院的张焕纶，有先后创办宝山县学堂、蒙学堂、上海龙门师范学堂与太仓州中学的袁希涛，有出任南洋模范中小学校长的沈同一，有曾任沪军都督府民政总长的李平书等。

据不完全统计，而今在中央与省市一级党和国家领导机关担任高级领导职务的上海中学历届校友就有80多位，其中有1955届校友、曾任中共中央政治局候补委员、中组部长曾庆红，1951届校友、

陆载德少将

原国家教委主任、党组书记朱开轩，1960届校友、上海市原常务副市长蒋以任等。在科技文教战线，上海中学的历届校友任中科院院士与工程院院士的就有38位，还有18位校友成为将军与高级军事专家。他们之中有1951届校友、曾被邓小平同志嘉奖为"国防科技工作模范"的原子核试验基地司令员钱绍钧少将，1936届校友、中国航空学会副会长、火箭总体设计家屠守锷，1944届校友、中国核工业总公司科技委主任、实验物理专家钱皋韵，1950届校友、中国原子能科学研究院核工业研究生部主任、原子核物理学家黄胜年等国家科技精英。此外，曾经在上海中学求学的还有电脑大王王安等一批著名人士。

尤其值得一提的是1950届校友、1992年晋升为少将的总工程师"独腿将军"陆载德。陆载德8岁时就因病高位截肢，行动不便。在如此逆境下，他以顽强的毅力刻苦学习，于1947年考入上海中学理科班。1950年毕业后考入清华大学。大学毕业后，他参了军。1954年开始参加兵器试验工作，至今已在科尔沁大草原工作了40多个春秋，为国防科技作出了卓越的贡献。

上海中学校友——中国科学院院士（部分）合影。前排右起：吕保维、屠守锷、杨嘉墀、朱昱谟、唐有祺；后排右起：黄胜年、朱静、陈俊勇、胡英、张兴钤

上海中学校友——中国工程院院士（部分）合影。前排右起：徐旭常、钱士虎、沈国舫、周炯槃；后排右起：吴有生、钱绍钧、陈厚群、陈德仁

为此，他11次受嘉奖，两次荣立三等功，一次荣立一等功，14次被评为优秀共产党员和建设社会主义精神文明先进个人。1990年还被国家人事部评为"有突出贡献的中青年专家"。

上海中学对历届学子所产生的巨大影响，可用朱开轩的一句话概括："人生如河，学校如源，一生功名当还之于母校。上海中学，不仅是我，也是所有校友心头的骄傲。"

百年"南洋"多才俊

马联芳

百年树人,素质第一。

——巴金

在中国教育史上,谈到中等教育的开拓,素有"南王北张"之说。"南王"指从1900年起主持上海南洋中学达50余年的爱国教育家王培孙,"北张"即1904年创办天津南开中学的张伯苓。他们均为发展中国中等教育作

位于南市大东门的育材书塾

出了重要的贡献。南洋中学创办于1896年,迄今已有100多年的历史,它被称为中国人在上海主办现代教育学堂的首创。后人为缅怀王培孙培育桃李满天下的功绩,在南洋中学的校园里为他树起了一尊半身铜像。

王柳生忧国办"西学"

王培孙祖上在乾嘉年间靠沙船业起家,成为上海沙船业四大巨商之一。到了光绪年间,其叔父王柳生到北京,看见清政府政纲紊乱,官场腐败,遂决心办学救国,与族人商议开办一所"中西学堂"。1895年,他在塾师王引才的帮助下,在松江县城秀野桥畔的民居内创设一所书塾,聘请教员,招收学生,教授英文、算学、历史、地理等现代课程。但当时的松江风气未开,前来入学的不足20人。于是,王柳生于翌年将书塾从松江迁至上海大东门内王氏祠堂省园(今中华路257弄3号),正式取名"育材书塾"。省园原为王氏宗祠的庭院及家塾所在地,建有亭台楼阁、池沼假山,布局小巧玲珑。王柳生添建了两层七楹的洋楼,作为教室。育材书塾设正馆与备馆(相当于小学),开设国文、英文、算学、化学、历史、地理等学科,聘请马君武、薛仙舟、陈景韩等名师任教;学生有顾维钧、朱少屏、秦汾等50余人。在当时能够学到"西学"的校馆不多,育材书塾

王柳生

校友、著名外交家顾维钧

作为民间第一所私人办的"西学"学校,自然大受欢迎,四方来者不绝,讲舍为塞。我国著名外交家顾维钧在《顾维钧回忆录》中写道:"这所学校是一位留日学生王先生按新法办的家馆,课程包括中文、历史、书法、作文、算术、地理、英文和体育。家馆的规模相当大,约有100多名学生,年纪大小都和我相仿。这所家馆和英华书院明显不同,它不设《圣经》这门必修课,不强制参加宗教仪式,而突出的是强调学中文。"

王培孙专心办学为救国

1871年王培孙生于嘉定县南翔镇,23岁那年以第二名考取上海县秀才,后又求学于南洋公学师范班。在叔父王柳生的引导下,王培孙与维新派及革命党人交游密切。1897年康有为一到上海,王培孙在王柳生的带领下即到静安寺寓所拜访康有为。后与狄楚青在上海福州路合办开明书店,出版物以翻译日文政治、哲学为主,鼓吹民权立宪,王培孙负责管账及对外联络。狄楚青还与唐才常组织正气社、中国自立会,联络长江一带哥老会,组建自立军,准备在湖南、湖北、安徽、江西等省同时起义。1900年7月26日,唐才常在上海张园召开"中国国会",推举容闳为会长,严复为副会长,唐才常为总干事。王培孙也到张园参加会议。是年8月,起义失败,唐才常在汉口被杀害,蔡锷、范源濂逃到上海,欲转往日本,王培孙为他们准备行装。

也就在这年,叔父王柳生以南翔公益事繁、不能兼顾育材书塾为由,将育材书塾的校务正式托付给王培孙。王培孙接办后,着手调查日本学制,参考教

王培孙(郎静山摄于1946年)

1920年时的南洋中学。门前的小路后来拓展成中山南二路

会学校，订立中学课程为4年毕业；实行校长负责制，全校事务统归校长室指挥办理；教员负训育责任，不另设训育处。同时，他将育材书塾改名为育材学堂。当时因时局不稳，民生凋敝，书塾学生少而经费艰窘，遂兑去其夫人陪嫁首饰勉强维持。

王培孙一面办学，一面在开明书店任职以维持生计，还每日下午到福州路奇芳茶楼品茶，会见维新派流亡人士。"位卑未感忘忧国"，1903年，王培孙经南洋公学同学、袁世凯幕府金邦平介绍，与钮惕生一起到天津，请袁世凯出兵拒俄。但事实打破了他的幻想，回来后他对人讲："袁世凯是革命党人一劲敌也。"其后，他在东京加入同盟会。

王培孙北上之行，目睹清政府愚暗腐败，归而专心办学。1903年他将育材学堂定名为南洋中学，次年经两江总督魏光焘批准立案。不久，他与务本女校校长吴怀疢同赴日本考察教育。归国后，他将学制改为5年制，并决心扩大办学规模，将王氏宗祠在日晖桥的4亩地捐赠给南洋中学，同时购取相邻的18亩地，建造新校舍，有课堂6间、化学实验室1间、教员办公室4间、饭厅1间、厨房3间、门房2间、操场1个，后又建藏书10万册的图书馆及科技馆；先后延聘邵力子、丁文江、史量才、李登辉、胡明复等社会名流来校任教，使南洋中学颇具现代学校的规模。王培孙不仅努力办学，提高质量，而且善待学生，客籍学生患病者，都移住其家中，由其妻沈竹书主持医药护理。其间并担任寰球中国学生会庶务部、演说部董事，热心输送中国各省青年出国勤工俭学，使许多有为青年得到锻造。

他还以爱国主义思想影响教师，教育学生。他自己选编国文课教材，将黄宗羲的《原君》、文天祥的《过零丁洋》、陆游的《示儿》等收录其中。他对1936年入学的学生说："国家之命运存乎亡乎，数万万同胞主乎奴乎，生乎死乎，此皆吾人日夜煎刺于脑中，而无此虽谓之冷血动物可也。"在日伪统治上海期间，南洋中学不向日伪登记，不挂南洋中学校牌，拒不参加汪伪的军训和童子军活动。王培孙不食日伪的配给，拒领日伪的"补助费"，全校师生也都如此。汪伪因王培孙为老同盟会员，颇得人望，想请王培孙领衔教育界发表拥汪宣言，被王培孙严词拒绝。王培孙的铮铮铁骨还表现在办学之中，他能坚持正确的办学主张，抵制上级不合理的要求。如国民党政府要求学校实施党化教育，规定要上党义课、委派训育主任、做总理纪念周等，均为王培孙所抵制。

王培孙的优良办学业绩，在不同的时代都受到表彰和赞扬。清光绪二十三年（1897），清政府办理商约事务大臣吕海寰奏请传旨嘉奖南洋中学。第二年，两江总督端方派人到南洋中学调查后，认为成绩优秀，堪为楷模；在南京与王培孙晤谈后，每年拨款5 000元。辛亥革命后，教育部认为王培孙办学卓有成绩，呈请大总统颁发嘉禾勋章，还电邀王培孙出任教育部次长，但他淡泊名利，电谢不就。后来就连蒋介石宴请，王培孙也托词不去。南洋中学的业绩，备受我国著名教育家的赞赏。蔡元培曾经到校参观、进餐，赞叹道："不论何人，在此吃五年苦饭，真是天下去得，读书犹其余事。"黄炎培曾说："南洋中学的优点有两种特色，一是各科功课切实，二是精神训练有方。这样有切实贡献于社会国家的学校和学校校长，全中国有几校呢？"1949年上海刚解放，陈毅市长曾专程前往看望王培孙老人。

1929年的南洋中学科技馆

朱少屏义助两千学子赴法留学

朱少屏是南洋中学的首批学生,毕业后留学日本,于1905年参加同盟会。不久,日本政府发布了取缔留学生规则,妄图帮助清政府扼杀留学生的革命活动。这一无理决定激起了中国留学生的强烈反对,朱少屏与秋瑾等人以罢课归国相抗议。朱回国后创办了健行公学,秘密从事反清革命活动,后因叛徒告密横遭查封通缉。后受于右任邀请,协助其创办《神州日报》《民呼报》《民吁报》和《民立报》,同时参与革命文学团体"南社"的筹组工作。1909年11月南社在苏州虎口张公祠正式成立时,朱少屏是与会的17位"豪俊"之一,被推举为会计员,协助柳亚子负责会务。武昌起义时,朱少屏又受托在上海筹办《铁笔报》和《警报》,以其消息真实快疾而受读者欢迎。1912年中华民国临时政府成立,朱少屏受孙中山邀请担任总统府秘书。孙中山在朱少屏的陪同下来到南洋中学的饭厅,给全校师生作演讲,孙中

校友、外交官、烈士朱少屏

山精神抖擞,声音洪亮,宣讲建设共和的道理,最后他还领头高喊革命口号。会场上群情激奋,同学们激动地一起将辫子剪去,并拍手欢呼。不久,南北议和,孙中山辞职,朱少屏又回到上海,与南社社友创办《太平洋报》,出任经理,宣传民主政治,反对袁世凯复辟活动。1919年,华法教育会派人来上海专门办理中国青年留学法国手续,得到时任寰球中国学生会总干事的朱少屏的鼎力相助。在两年里,有近2 000人赴法留学。在此期间,朱少屏不辞辛劳,承担了组织协调、办理护照、购买船票等工作,使留学生们能如期登船。出发前,朱少屏总是热情地召开欢送会,不仅自己致欢送词,还请来社会名流如张继、黄炎培、吴玉章、唐绍仪以及法国、美国驻沪领事等,鼓励留学生们将来"学成归来为国效力"。在这些出发的留学生中,李维汉、李富春、李立三、陈毅、徐特立等后来成为著名革命家。新中国成立初期,陈毅任上海市长时,曾与他的英文秘书即朱少屏的女儿朱青谈及自己当年赴法留学时得到朱少屏的帮助,为其办理赴法手续。陈毅还开玩笑地说:"你父亲还敲了我5块大洋的竹杠!"

1932年"一·二八"淞沪抗战爆发,朱少屏与蔡元培等知名人士开展国民外交活动,广泛联系国际名人,争取同情与帮助。1937年全面抗战爆发,朱少屏与沪江大学校长刘湛恩、著名文学家林语堂共同组织了"国际友谊社",与各国官方和民间人士联系,出版英文刊物《回声》,发表大量文章和照片,揭露日寇暴行,扩大对外宣传,争取国际援助。日军对他恐吓不成,便派特务暗杀了刘湛恩,并向朱少屏的办公室扔炸弹。1940年,花甲之年的朱少屏受命担任驻菲律宾首都马尼拉的领事,在华侨中积极开展抗日救亡活动。1942年日军占领马尼拉后,朱少屏拒绝承认汪伪政权,终被日寇残酷折磨后杀害。

巴金题词祝贺母校百年华诞

南洋中学最引以为自豪的是，我国著名文学家巴金是他们的校友会名誉会长。在迎接百年校庆的日子里，巴老亲笔写下"百年树人，素质第一"的贺词。学校图书馆里陈列着一长列由巴金亲笔题字的《巴金全集》签名本。巴金是在1924年与他的哥哥李尧林一起离川东下到上海读书，进的就是南洋中学。虽然时间不长，但在这里留下了他的人生足迹。他直至晚年，还对当年南洋中学的师长、校景记忆犹新。在巴金九十华诞时，南洋中学校长张家治、副校长冯震中等校领导一起赶赴巴金家中祝寿。现在学校里还珍藏着一张校领导和巴金的合影。

郎静山是世界著名摄影大师。1905年他在南洋中学预科读书，是在预科主任、美术教师李靖澜引导下走上摄影道路的。李老师认为图画与摄影关系密切，便在课余热心教学生照相，夜晚还带着学生在暗房冲洗照片。那时的郎静山对摄影着了迷似的，每逢节假日总是跟着李老师东奔西走地拍照，晚上便钻进简陋的暗室里，透过墙角微弱的烛光冲洗照片。郎静山回忆，虽然那时没有温度计和定时器，可是凭经验学会了计算在底片开始显影之后如何加七倍时间把负片从溶液中取出来，竟能掌握到一定的精确程度。南洋中学寒窗数载，着实为郎静山献身摄影的漫漫一生播下了种子。1993年5月，这

校友、中国科学院院士张锺俊

校友、著名建筑师庄俊

位103岁高龄的世界著名摄影大师来到母校，健步走在母校的校园、"红楼"的木梯回廊上，回忆着当年的情景，深情地说："我是南洋的学生。"

南洋中学的校史室里，还挂着张锺俊、周仁、钱崇澍、饶毓泰、罗宗洛、殷之文、黄葆同、於崇文、周永茂、朱高峰、顾国彪等中国科学院、工程院院士以及全国人大常委会副委员长丁石孙、上海市高级人民法院院长胡瑞邦、中央美术学院副院长艾中信等近百位杰出校友的照片，仿佛在向人们述说着昔日南洋的故事，激励着南洋今天的学子们。

务本女中一百年

马联芳

上海市第二中学坐落在市区幽静的永康路上，它的前身是创办于1902年10月24日（有的志书记载为11月2日）的"务本女塾"。100多年来，学校几经搬迁，由一所女塾发展成如今的男女兼收的上海市重点中学。

吴怀疚倾尽家财办女塾

吴馨（《辞海》又称吴馨川），字畹久，号怀疚（怀久），祖籍安徽歙县，弱冠入邑庠。吴馨曾任上海县民政长，1912年为县城发展几经周折，排除英国领事阻挠，拆除旧城墙，现在的大镜阁城墙就是当年遗物。吴馨后任知事，对县城建设擘画多有建树，曾带头捐巨资建造了公共体育场（今沪南体育场）。

光绪二十三年（1897），南洋公学师范院开办，吴馨即弃科举而学师范，潜心教育理论。他目睹当时中国妇女"目不识丁""金莲三寸"，社会地位低下，毕业后立志振兴女学，求得妇女解放。十分难得的是他的全家老少都支持他，倾尽家财开办女塾。

吴怀疚在《务本女塾史略》中说："禀奉吾母张太夫人、嗣母杨太夫人慈命，以修明女教开通风气为职志。"光绪二十八年（1902），他把原家塾从上海老城厢的西仓桥迁至花园弄，租屋当学舍，办起了女塾，公开招生；他不仅让家属在校任职（其夫人葛尚平任舍监，继室王蕴功于1927年任校长），还邀请挚友、南洋中学校长王植善（字培孙）的夫人沈竹书出任学监。《论语·学而》有云："君子务本，本立而道生。"吴怀疚认为："女子为国民之母，欲陶冶健全国民，根本须提倡女教。"故为女塾取名"务本"。

个人办学，特别是开办女学，筚路蓝缕，艰难备尝。创办经费，均由吴怀疚一手筹措。开始时学生仅7人，两个月后求学者渐多，到第二年在读生已超过40人。校舍不够用，他就陆续租进小南门俞家弄民房作校舍。1905年举校迁往西门外"生生里"，场地稍大，在校生达155人，教职员工55人。1906年，吴怀疚筹集经费8万余银，购进黄家阙路旧营地11亩、民地2亩，自建教学楼。当时经费紧张，压力甚大，吴怀疚前5年累计垫支15 277元，所幸家人始终支持，毫无怨言，令他倍感欣慰。吴怀疚在回忆修建黄家阙路新校舍时写道："吾妻体弱，故多病，至是事益烦，病益剧……吾妻竟于宣统元年戊申春以疾卒，临殁犹曰：'我不及见校舍之成也！'"读之，着实令人感动。

1907年，上海道署见务本女校声誉日隆，决定补助该校月银300元。1909年新校舍竣工，全体师生遂入新校舍上课。1912年，吴怀疚把"务本女塾"捐给上海县政府，改为官办务本女中。1937年，校舍被日寇炮火夷为平地，学校改名"怀久女中"，迁入法租界，分南、北两处校区，借毕勋路（今汾阳路）777号朱培德将军公馆和江阴路九福里的民居上课。1942年，租界被日军占领，学校被迫停办。抗战胜利后，"务本女中"仍分两处复校，1947年1月迁址永康路至今。1952年改名为上海市第二女子中学。1968年改为上海市第二中学，始男女生兼收。

务本女塾创始人吴怀疚先生

吴怀疚除主持校务外，还兼课

黄家阙路务本女中的理事科

教学。他禁止学生敷脂粉、着华服，提倡天足，努力改革妇女中的陋习。1907年，他与马相伯等人发起成立寰球中国学会，提倡留法勤工俭学。向警予、蔡畅等人就是从这里走出国门，踏上旅欧求学之路的。同年6月，江苏教育总会在沈恩孚会长主持下召开"单级教授法"推广会，吴怀疚结合办学实践作中心发言，力主"一个课堂，一本教材"的单级教学法。与会者观摩"务本"公开教学，大受教益。会后，单级教学法逐步扩大至整个教育界。同年年底，劝学所成立，吴怀疚出任总董。他配合单级教授训练所，在龙门师范为全国培训学员。来自湖南的徐特立入选女学实践，被安排在"务本"跟班听课。

务本女塾是中国设唱歌课最早的学校之一。著名报人郑逸梅撰文说："此时尚在清光绪年间，主持人吴怀疚，他头脑比较新颖，认为洋学堂都有唱歌一课，我们提倡新学，也应当列入这个科目，且也符合古代杏坛设教的弘诵遗愿。"吴怀疚聘请能奏风琴会唱歌的日本留学生沈心工任唱歌课教师。开始学生记不住7个音符，往往十分别扭地唱成"一、二、三、四、五、六、七"。沈老师很会动脑筋，把七个音符组成一句谐音七言诗："独揽梅花扫腊雪。"这样，学生不仅记住了音符，唱歌也更和谐自然。

吴若安拒当"务本女中"校长

吴若安校长

1908年,18岁的吴若安在务本女塾首届毕业后留校任教,开始了她毕生从事的教育生涯。1941年12月上旬的一天早晨,上课的铃声已经响过,学生们在静静地等待着语文老师前来上课。突然,吴若安走进了教室。她平时慈祥温和的脸庞上,今天却显得有些严肃。她那亲切的目光透过眼镜向学生们扫视了一下后,用浓重的金山乡音低沉地宣布:"今天全上海临时戒严,语文老师不能来了。今天的语文课由我来上,课文是法国著名作家都德的小说《最后一课》。"接着,她就声情并茂地讲了起来,学生们静静地听着。待吴若安的课一讲完,心情激动的学生们都不由自主地从内心深处唱起了"起来,不愿做奴隶的人们,把我们的血肉筑成我们新的长城……"

抗战结束后,国民党当局为了维持其摇摇欲坠的统治,想方设法笼络人心,对社会各界名人更是不择手段进行拉拢。当时吴若安担任南珍女中校长,在教育界很有影响。于是,由国民党上海市教育局局长亲自出面,表示愿意聘请吴若安担任上海市务本女中校长。不过有一个小小的附带条件,就是要填一张参加国民党的表格。吴若安闻言,断然拒绝,博得各界进步人士的赞誉。吴若安应邀担任了中国共产党两个外围组织——校长互助会和中小学教职员工消费合作社的主席、理事长,利用自己无党无派、又有一定威望的社会地位,广泛团结教育界人士,培养和保护革命力量,帮助广大教职员工切实地渡过难关。

上海解放后,吴若安先后担任市二女中校长、市教育局副局长、市人大常委会副主任、民进中央副主席等职，把毕生的精力献给了教育事业。

潘公展被"务本"学生嘘下了台

务本女中学生的爱国热情是很高涨的。1931年"九一八"事变发生后，在进步老师和高年级学生的鼓动下，学生们都上街游行，赴郊区宣传、募捐。因此，1937年10月上海市学生界抗日救亡协会成立时，务本女中便成了理事单位。

务本女中的高、初中混合编组的"读书会"，组织学生认真阅读《社会发展史》《大众哲学》《政治经济学教程》《妇女运动与社会主义》等革命书籍。语文老师陈云涛还向学生推荐《鲁迅全集》，巴金的《家》《春》《秋》，苏联小说《钢铁是怎样炼成的》以及高尔基的《母亲》等进步文艺作品。当女生们阅读了倍倍尔的《妇女运动与社会主义》之后，对男女平等的追求更强烈了，懂得了妇女必须自己解放自己，努力做到经济上独立，才能获得真正的平等。家政课老师姚秀霞（现名朱旦华）是毛泽民烈士的夫人。1936年，姚老师不仅教学生裁剪，还利用上大课时组织同学开辩论会。一次，她出了个题目："社会上为什么有叫花子？"班级分成甲、乙两方，展开辩论。甲方认为当叫花子都是不务正业，好吃懒做者；乙方则反驳说社会经济萧条，失业者才多了，寻工作要靠"大脚膀"（靠山）；有的同学还指出，农村连年灾荒，农民只得拖儿带女从苏北流落到上海要饭……听了同学们的辩论，姚老师则因势利导，深入浅出地指出，只有在没有人剥削人的社会里，这种现象才会消失。姚老师的话给学生留下了深刻的印象。1937年姚老师离开"务本"奔赴延安，后被党派往新疆工作，坐过牢，受过苦2010年去世。

有一次，当时的市教育局长潘公展到校"训话"，说什么"女同学在校要专心读书，毕业后要先成家后立业。首先要把家庭支撑好，把儿女养大，才谈得上到社会上去活动……"学生们对潘公展的陈腐说教十分反感，她们明白，如果按照潘公展的话去做，还不是把妇女赶回厨房里去吗？于是，同学们一怒之下，用一片嘘声把潘公展"嘘"下了台。

除了"读书会"活动，"学协"还组织学生参加校外的时事座谈会。该校的生物老师、东北义勇军第四军军长李延禄的女儿李万新（建国后出任林业部森工司司长）经常组织学生到她家中参加时事座谈会，东北抗日义士的爱国言论使学生们懂得了"国家兴亡，匹夫有责"的道理。学生们还到罗叔章举办的抗日演讲会上，聆听了施福亮、史良等人的演讲，明白了抗日不能只停留在口头上，而要用实际行动来挽救民族危亡。之后，她们积极参加了上海学生响应"一二·九"运动的大游行、纪念鲁迅先生逝世一周年大集会、纪念国际"三八"妇女节和国际"五一"劳动节的大型集会游行。此外，还有一些进步学生在中共地下组织的领导下，千方百计地搜集敌人的活动情况，使地下党获得不少有价值的情报。

"学协"组织了歌咏队，教唱抗日救亡歌曲《救救中国》《松花江上》《五月的鲜花》《游击队之歌》等。学生们会唱之后，便到医院慰问伤兵，到难民收容所向难民演唱。爱演戏剧的学生还排练了《放下你的鞭子》等剧目，走出校门到街头演出。

如今还健在的当年参加"学协"的80余人中，有36人在校就入了党，其余40余人在离校后不久，或在大学或去根据地以后也都入了党。在严酷的斗争中，务本女中也有党员和革命学生为人民的解放事业献出了宝贵的生命，革命烈士陈君起、朱凡、计淑人、姚莲娟便是"务本"的光荣。

周恩来称她是"中国第一任女县长"

在务本女中众多优秀学生中，孙兰是突出的一位。"九一八"事变发生后，孙兰在务本女中积极组织抗日救亡活动，主持墙报，并经常与同学议论国家大事，阅读进步书刊。她曾被推选为务本女中的代表，参加上海青年赴京请愿要求抗日，在被蒋介石当局派军警押送回上海以后，她的革命热情更高昂。

1933年，孙兰从务本女中毕业考入复旦大学中文系以后，仍然十分关心务本女中的工作。当她听说当局将派一个不受学生欢迎、品德不好的国民党员姜某来担任教务主任，特别是她知道了姜某还是她的亲戚之后，便立即设法告诉了务本女中学生会。务本女中的学生开展了长达3周的罢课斗争，其间，孙兰

上海市教育局原局长孙兰

则一直从校外组织力量支持"务本"同学的斗争，直至斗争取得胜利，两位被开除的学生会负责人在鞭炮声中返校复课。

后来，孙兰在一次听宋庆龄讲话的集会上被捕，经其父（国民党员、律师，曾任泰兴县法庭庭长）设法保释。之后，她为摆脱家庭羁绊和避开当局对她的注意，设法报考北平清华大学，转学北上。到了清华大学以后，她积极地在同学中组织时事讨论会，成立图书馆，发起演戏、办壁报、春游露营等活动，动员同学参加民族武装自卫会。她所在系科的108个女生中，有一半参加了民族解放先锋队。1935年"一二·九"运动中，她受党组织委派南下和上海学联联系，推动上海抗日救亡运动。

1936年，孙兰在清华大学由蒋南翔介绍入党，曾担任支部委员。同年夏天毕业后，返回上海以执教为公开职业，参加上海妇女抗敌后援会，担任进步刊物《上海妇女》杂志主编，写了许多通俗易懂的文章来提高妇女觉悟，宣传革命道理。

1942年，孙兰赴苏北抗日根据地。1946年在国民党军队大举进犯苏北、解放军主力北撤时，她仍留在根据地坚持敌后斗争。她担任淮安县副县长时，经常深入群众，倾听群众呼声，沉着果断，善于处理各种复杂问题。周恩来同志曾当面称赞她是"中国第一任女县长"。

解放后，孙兰历任南京市、安徽省与上海市的教育局局（厅）长。由于

她尊重知识分子，坚持按教育规律办事，她主持的工作都很出色。"文革"中，她不幸被"四人帮"迫害致死，党的十一届三中全会以后，她才得以平反昭雪。

"卓娅班"里的姑娘们

卓娅母亲接见"卓娅班"的学生代表

苏联卫国战争中的女英雄卓娅，是20世纪50年代中国女学生们的榜样。1952年11月28日，市二女中高一甲班在"学习苏联青年优秀品质"大会上，得到了"卓娅班"的光荣称号。从此，这群姑娘仿佛觉得与卓娅真的日夜生活在一起。卓娅像一个巨大的火炬，照亮着她们前进的道路。

"卓娅班"的姑娘们个个都像卓娅那样，把学习看作祖国交给的一种劳动，而要劳动就要遵守劳动纪律。过去，她们在"课堂里常像树林里的一群麻雀一样"；而现在已经建立起良好的课堂纪律，很多教师都说："每逢上课走到'卓娅班'门口时，总是静悄悄的，好像里面无人一样。"

她们要求全班每位同学都要学习好，只要有一个人学习成绩不好，大家就像卓娅一样感到不安。小瞿代数考了100分，但她却哭了起来，因为同学小姜考试不及格。她认为，小姜所以不及格是由于她没有进行负责的帮助，而卓娅从来不会对同学的学习不关心。后来，小姜在小瞿与小潘的帮助下考得了97分的好成绩。

那天在"卓娅班"命名一周年的纪念大会上,她们总结了一年的实践与成绩,并在会上通过了给她们的母亲——留·柯斯莫捷绵杨斯卡娅的一封信。信的最后这样写道:"我们为集体的进步感到高兴。我们全班同学都提出了入团要求,一年来已由18位团员增加到33位。我们争取在高三时全体同学都成为优秀的团员……亲爱的母亲:我们永远做您的好女儿,永远向卓娅学习!"这是20世纪50年代一群天真、纯情少女学习英雄模范的故事,曾经刊登在当年的《文汇报》上。它也是一个班级群体进行榜样教育的成功经验。

"务本女中"精英辈出

百年来,从"务本"至"市二",该校继往开来与时俱进,培养出了坚持民族气节的章太炎夫人汤国梨,中国科学院院士、建筑大师张锦秋,教育家杨荫榆、俞庆棠,澳门特区立法会主席曹其真,新疆维吾尔族自治区团委副书记杨永青,著名企业家、上海梅林正广和集团老总吕永杰,乒乓球世界冠军丁松,男篮名将姚明,女排国手诸韵颖,导演梁山等;上海市原副市长左焕琛、严隽琪,原市教委副主任郑合德、原中共卢湾区委副书记翁蕴珍、汪介毕等也都出自该校。

教育家俞庆棠

采访中,一头银发的姚国超校长告诉我,他在市二中学生活与工作了十多年,是市二中学成长发展的见证人。

1985年吴小仲校长总结前任校长的经验后,提出了"和谐教育"的新理念,使市二中学的各方面工作都走在前列,吴小仲也获得了特级教师、全国

夺得上海市锦标的务本女中排球队全体球员合影

德育先进工作者和劳动模范等殊荣。

  2001年，姚国超校长又进一步提出课堂教学五项新要求，并在此基础上建立了创新能力、课件创作、IT技术应用、机械车模、电子劳技、应用物理、应用化学、应用生物8个实验室和文科、理科、心理、美术、音乐5个工作室，为拓展型、研究型课程提供了现代化的硬件设备，使一大批有个性、有特长的学生脱颖而出。许多学生在作文、计算机、科技英语、物理等竞赛中频频获奖。近年，校友陆清担任交大学生计算机程序队长，在国际大学生程序比赛中获得世界冠军，美国麻省理工学院获第二名。市二中学还和美国麻省理工学院仅一河之隔的波士顿尼达姆高级中学结为姐妹学校。2000年以来，市二中学连续7次被评为上海市文明单位，还被评为上海市行为规范示范学校等。

"大同"风雨九十年

周明发

"大道之行也,天下为公。选贤与能,讲信修睦,故人不独亲其亲,不独子其子,使老有所终,壮有所用,幼有所长,……是谓大同。"

——《礼记·礼运》

留美学生胡敦复创办大同书院

位于上海老城厢的大同中学,是一所历史悠久的学校。它的前身是创建于1912年的大同学院,后演化为大同大学,并设一附中、二附中。百年来大同培养出一批杰出的校友,其中有钱其琛、钱正英、于光远、华君武、严

20世纪30年代的大同大学及附中校门

济慈、傅雷、朱建华、陶璐娜等。它的创建人胡敦复是中国近代民主革命家、教育家蔡元培的早期学生。

早在1907年,两江总督端方在江南学校挑选宋庆龄等15名学生出国留学,胡敦复便是其中之一。至美国后,胡敦复入康奈尔大学主学数学,兼习文理多科。仅两年时间,他就毕业回国,具体负责游美学务处留学生工作。

1911年,清华大学的前身——清华学堂正式开学,胡敦复被任命为清华学堂的第一任教务长。因不满外国人控制校政、不准教授中文等,遂邀平海涛、吴在渊、曹惠群、朱香晚等11人于是年夏在清华学堂创办"立达学社",宗旨是"自立立人,自达达人"。胡敦复任社长,他们以教育救国为己任,先后辞去清华的任职来上海,并于次年3月19日,在当时上海南市西门外肇周路南阳里,创办了一所私立的学校——大同学院。校名取义于《礼记·礼运》:"大道之行也,天下为公。选贤与能,讲信修睦,故人不独亲其亲,不独子其子,使老有所终,壮有所用,幼有所长……是谓大同。"公推胡敦复为首任校长。校董事会先后由马相伯、蔡元培、吴稚晖、杨杏佛、胡敦复、胡刚复、竺可桢、赵祖康、沈尹默等28人组成。大同学院初创时设普通课(相当于初中与大学预科)与大学预科(相当于高中)。首批学生80余人,其中大部分是原清华学堂学生,因不满洋化教育而随师来沪。开创之初,全校教职员十余人。课程设有国语、数学、物理、化学、英语等。

大同学院初创,既不靠募捐,也不取当时政府半文津贴,故经费十分短缺。当时,只有"立达"社员自身缴纳的社费228元。校舍是租赁的,教具是杂凑的,图书、仪器更是奇缺。但他们认为,只要同心协力,就一定可以办好学校。于是相议定约,凡居沪同仁,都义务任教。为维持生计,同仁全凭外出兼事,有的甚至将兼事收入资助"大同";直至第二、第三学期,"立达"同仁不兼外事的,才可支取生活费30元;第四、第五学期,兼外事的,可支取劳薪二成,其余八成仍捐助"大同"。校长胡敦复终年长衫

20世纪30年代大同大学"近取楼"

布鞋,手不释卷。不少学识渊博的教师,上班总是安步当车。据1926年大同15周年纪念刊载吴在渊先生的回忆:"此十数立达社员……徒恃毅力,忍饥寒,弃资生之业,损事畜之财,赤手空拳,鞠躬尽瘁,以顾复此赤子之大同,大同之不至夭折,得以长养成立者恃此。"由此可见当年大同学院创办之艰。

大同办学才年余,便信誉渐著,川、广、两湖等省也有不少学生负笈而来校。1913年,学校在沪杭车站北首(今上海南车站路)购地10亩,自建校舍。1914年,教学楼与宿舍楼相继竣工。数年后,又购地8亩,毗邻原址,新造礼堂,增建宿舍,使校园初具规模。

大同学院开创了中西合璧办教育的先河。它不仅是沪上男女同校的第一家私立学校,甚至连校务主任也是女性,所使用的教材不少是引进西方的现成教材,或由教师自己编写,并拥有当时罕见的理化实验室。

1916年起,大同学院相继开设英文专修科与数学专修科。1921年设大学文科与大学理科,次年又设大学商科与大学教育科。后根据当时教育部

大同大学的钟楼

新学制,改为大同大学,中学部照旧,学制由四年改为六年。至1931年,中学生已达600多人(大学生200多人)。抗战前夕,大中学生达1 000余人,校址扩充至百余亩,并拥有教室、宿舍、实验室、体育馆、饭厅等17座。

1937年全面抗战爆发,日寇侵入南市,大同校舍被占,图书、仪器大量流失,学校被迫迁至租界。直到1946年,才迁回南市原址,但大部分校舍已毁,仅剩教室、宿舍、饭厅等五座楼了。先辈们含辛茹苦二度创业,直至1952年,国务院公布院系调整方案,撤销大同大学建制,正式称为大同中学。

大同学子张宏写血书痛陈亡国之痛

1919年5月4日,北京爆发五四运动。消息传到上海,大同学生个个义愤填膺。5月7日下午,上海爱国师生在南市体育场(今沪南体育场)召开大会,大同学院的校长、教员和全体学生230余人参加大会。他们手持"还我山东""拒绝和约签字"等标语,声援北京学生的爱国行动。

5月11日(星期日),大同学生张宏趁宿舍无人,划破手指,写血书给大总统徐世昌,慷慨陈词:"日本蓄志吞并中国久矣,近更扶持和会夺我青岛。曹汝霖、章宗祥等卖国贼相勾结,盗卖国土,生不知该贼等究是何心肝？……亡国之后，全国同胞皆为牛马、为奴隶，独政府诸公不为牛马、为奴隶乎？"呼吁"大总统总领万机，责任重大，宜如何挽救我国家，使不致倾覆"，要求"力争领土，诛除国贼"。5月14日，《民国日报》刊载血书全文。6月5日，大同数十名学生为声援北京学生外出演讲，遭警察殴打拘留。学校闻讯组织学生赶至警察厅声援，迫使当局释放了被拘留的学生。

1925年5月30日，为了抗议日本资本家枪杀顾正红和反对租界当局压迫中国人民的"四提案"，上海两千多名学生分散进入租界散发传单，上街演讲。巡捕陆续逮捕了100多名学生，其中就有大同学生蔡鸿斡。学生和市民拥向老闸捕房，高呼口号，要求释放被捕学生。下午3时许，巡捕突然开枪。被枪杀的学生中，就有大同校友、上海大学的学生何秉彝。当天晚上，大同学生在饭厅召开全校学生大会，决定第二天上街宣传。31日，大同五六百名学生冒雨上街游行、演讲。

"五卅"后，大同学生经过十多天募捐，募得大洋1 464元、小洋2 036角、铜元1 090枚，陆续交给当时的上海学联，以资助工人生活。在此前后，大同共青团员蔡鸿斡经常与团中央宣传部长恽代英联系工作。因此，恽代英与宋庆龄曾到大同演讲，受到大同学生的热烈欢迎。

1931年，"九一八"事变爆发。9月21日，大同大学包括中学部，成立抗日救国会，组织演讲队，在南市一带宣传抗日，并决定为抗日吃素一星期。11月24日，大同附中学生四五十人与各校代表赴南京请愿。大同附中学生胸佩白布黑字的"上海大同附中请愿团"符号（现陈列在北京中国革命博物馆），于26日冒雨请愿，要求蒋介石签署出兵日期。学生在风雨中坚持一天一夜。第二天，蒋介石被迫出见学生，表示"三天以后，宣布出兵抗日"。当上海学生杨桐恒在南京被枪杀后，大同学生又参加追悼杨桐恒大会，掀起反蒋抗日怒潮。

1935年"一二·九"运动爆发后，大同学生与其他学校学生数千人于12月20日向市政府请愿。

1936年1月21日，大同学生郑英华、邹强、侯德齐、程淡志、于光远、

周嘉鹏、吴学毅等与其他学校大中学生90多人到南翔集中，成立"上海各大中学校救国宣传团"，先后在嘉定、昆山宿营，教唱抗日歌曲，演出揭露汉奸的话剧。

老党员杨东海回忆赴南京请愿斗争

大同有着光荣的革命传统。早在第一次国内革命时期，大同校园里就建立了中共地下党支部与共青团组织。大同附中党支部建立时间比较早，组织延续不断、隐蔽严密、发展党员多，并积极带领学生参加各种革命斗争。自1940年9月到1949年全国解放，先后担任大同附中党支部（含一院、二院联合支部）书记或负责人的有吴望英（烈士）、李鸿德、戴利国、徐祖德、裘民山（林德明）、钱其琛、杨榴英、冒金龙等同志。

历届党支部按照中央"长期埋伏，隐蔽精干，积蓄力量，以待时机"及"勤学、勤业、交朋友"的指示，联系教育群众。他们一个同学一个同学地交朋友，一直做到一些汉奸大员的子女中间去，甚至利用他们的家作为团结同学开展活动的地点，并从斗争中发现培养积极分子，先后吸收80余名学生入党，充分体现了大同附中党组织的活力。到1949年上海解放前夕，大同已拥有学生党员31人，其中高二A班52名学生中，就有10名共产党员。

1946年9月，大同附中一院从法租界黄陂南路迁回南市，共产党员冒金龙转入读高一，任党支部书记。在上海党组织的领导下，他积极带领学生投入斗争，使大同学生运动有了新的发展。其中影响较大的是1947年5月的反会考斗争，积极分子杨东海被推为"上海市高中毕业生反对会考联合会"主席团成员和请愿的九代表之一，赴南京请愿，迫使当局宣布会考"姑准缓一年"。在当年五六月斗争的高潮中，先后有杨东海、李祥宝、陈惠芹等积极分子加入中国共产党。当时，直接领导大同附中一院党支部的上级领导人是张征秉与钱其琛。

40年后，杨东海回忆道："当时，国民党教育部通令全国各中学举办高

1948年1月,港英当局在九龙制造暴行,激起爱国青年义愤,大同大学及附中学生参加游行

中毕业考,梦想用沉重的考试来转移广大中学生对现实政治的关心,制止学生运动。我们高三年级一批进步同学以'乌托邦'团契名义发动反会考斗争,我被推为学生代表,出席5月3日在交通中学举行的36所中学高中毕业生代表会。5月9日下午,各校应届毕业生3 000余人在复兴公园集合,由我校几十辆自行车开道,浩浩荡荡赴北站欢送我们9名代表赴南京请愿。在请愿代表团中,我分工担任总务工作。反会考斗争自始至终都是中学生为主体组织进行的,显示了党在中学战线的力量。反会考斗争结束后,我回到学校上课,校方贴出布告,借口未经请假擅自离校为由,宣布记大过一次。我想,校方与反动政府一鼻孔出气,就气愤地把布告撕了。其他学校的代表也受到了类似的迫害。"

"这以后的一天晚上,高一同学冒金龙找我谈心,说是认识一个人要到解放区参加革命，问我愿不愿同去。我听了高兴极了，当即表示愿意同往。他接着问我：'你愿意参加共产党吗？'我一时十分激动，当即脱口而出：'愿意……'事后我写了一份入党申请报告，向党表明了自己多年来的愿望。过了几天，冒金龙通知我，上级已批准我的入党要求。5月底，入党仪式在我家举行，入党介绍人冒金龙和上级党联系人张征秉领我宣誓。从此，我跟着共产党走上了革命的道路。"

1944年钱其琛在大同附中学习时，曾任地下党支部书记，这是当年的留影

上海解放前夕，大同党支部决定以"应变会"的名义，出版《每日战况新闻》。党员张仁瑞、李祥宝、戴耀荣3人直接找到院主任（相当于校长），直截了当地向对方指出："你听到了隆隆的炮声了吗？难道你不准，我们就不出《每日战况新闻》了吗？"校方迫于形势，只好同意出版。在党支部领导下，同学们每天把战况用毛笔书写在四大张或六大张白纸上，贴在校门的布告板上，还转载地下学联秘密刊物《学生报》上刊登的新华社电讯，有几次还画了简易地图，用红箭头标明战事形势发展。在上海解放前几天，甚至连《学生报》也整张整张地贴了出去。《每日战况新闻》使越来越多的大同师生深切地感到"蒋家王朝的末日到了，光明即将来临"。按照上级党组织的部署，大同党支部还组织党员和积极分子分工侦察搜集有关地段警察局、驻军番号、力量分布、警车数量、重要设施等情报。校党组织每天将汇报的材料，汇编成文并画成地图，交给上级党组织，为迎接上海解放作出了贡献。

后记

中国有句俗话叫"酒香不怕巷子深"。这句话作为经营理念,在商品稀少、信息闭塞的年代里是有道理的。经营者光凭自己产品的上乘质量和消费者的口口相传,就能保证自己的销量和赢利。

但是,当世界进入信息时代,每天海量的商品信息铺天盖地而来时,当一个产品出现数十上百个品种时,消费者一时无所适从,不知孰优孰劣。这时,大量的商品广告宣传,就对消费者产生了巨大影响。当然,广告宣传难免会有鱼龙混杂、泥沙俱下之虞,但如果你是优质商品,却死抱着"酒香不怕巷子深"的陈旧想法,时间一长,你的优质商品就必然会被淹没在汹涌的商品大潮中。

一般商品如此,书报刊作为一种特殊的商品,应当怎么办呢?依据书报刊市场的实际情况来看,也必须大力进行宣传推广工作,尤其是大量互联网新媒体的出现,使书报刊市场的竞争更加激烈。记得去年上海市委书记李强在上海市作协第十次会员大会上的讲话中就着重指出,必须要破除"酒香不怕巷子深"的陈旧理念,而要做到"好酒也要勤吆喝",对上海作家创作的优秀作品要大力宣传推广,要让好作品深入人心,家喻户晓。唯有如此,才能真正做到大力弘扬红色文化,宣传和发扬中华优秀传统文化。

上海大学出版社的领导和编辑正是这样做的。

2018年5月《上海滩》丛书的第一本《海上潮涌——纪念上海改革开放40周年》问世前,责任编辑陈强就已经和我们商讨这套丛书的宣传推广方案,积极组织在传统媒体与新媒体刊发新书介绍和书评文章以及其他宣传活动。

果然不久,《新民晚报》"读书版"发表了《改革开放的纪录者》的书评文章,引起人们的广泛关注。紧接着,《新民晚报》"社区版"又先后两次以整版篇幅转载了《海上潮涌——纪念上海改革开放40周年》一书中的两篇文章,引起广大读者和市民对告别过去蜗居与倒马桶生活的无限感慨,从内心感谢党的改革开放政策带来的生活巨变。

紧接着,上海大学出版社又抓紧出版了《上海滩》丛书的其他三种,即《申江赤魂——中国共产党诞生地纪事》《楼藏风云——上海老洋房往事》和《年味乡愁——上海滩民俗记趣》,连同《海上潮涌——纪念上海改革开放40周年》一起在8月举行的上海书展上隆重推出,吸引了许多市民阅读购买。

书展结束不久,陈强又告诉我,上海大学出版社还将于10月2日即国庆长假期间,在上海书城举行《上海滩》丛书部分作者与读者见面会,进一步宣传推广这套丛书,并需要我帮忙邀请三位作者。我十分高兴,邀请了上海市文史研究馆副馆长、《世纪》杂志主编沈飞德,上海史研究专家薛理勇,和专写隐蔽战线无名英雄斗争事迹的作家姚华飞参加见面会。10月2日下午,在上海书城里,观众席上坐满了读者,还有许多没有座位的读者则站在后面,围成几道圆弧形的人墙。在见面会上,沈飞德副馆长因曾经为《上海滩》杂志写了许多篇上海洋楼故事,所以他着重讲述了居住在上海洋楼中的张元济、梅兰芳、张学良等历史名人从事抗日及其他进步活动的动人故事;薛理勇先生主要讲解了上海民俗文化在形成和发展中的许多趣闻;姚华飞先生则生动地讲述了他采写沈安娜、华克之、吴克坚等中共情报人员如何奉党之命,长期潜入敌营传送情报的传奇故事。他们的讲述不断引起读者们的阵阵掌声和欢笑声。其间,他们还一一解答了读者们提出的问题。这次读者见面会大大地增强了《上海滩》丛书的影响,不少读者走到柜台前买下了这套丛书。其中既有老上海人,也有青年学生,更有不少新上海人。

今年1月,我从出版社方面得知,据统计,去年的这套《上海滩》丛书在全国销售情况不错,所以,我们决定抓紧出版2019年的《上海滩》丛书,并计划先后于今年5月和8月面世,以满足广大读者了解上海红色文化、海派文化、江南文化的需求。同时我还获悉，中共一大会址纪念馆也收藏了《上海滩》丛书中的《海上潮涌——纪念上海改革开放40周年》和《申江赤魂——中国共产党诞生地纪事》两书，作为馆藏和研究之用。

更令人感慨的是，今年3月初，2019年的《上海滩》丛书（一套四册）还处在审定和发排阶段，责任编辑陈强就发微信告诉我，他已同一家书店经理商量好，待丛书的前两本《五月黎明——纪念上海解放70周年》《丰碑无名——上海隐蔽战线斗争纪实》于今年5月中旬出版后，就在这家书店举办这两本书的新书分享讲座，届时邀请有关专家、作者、亲历者向读者讲述这两本书中的动人故事。同时，在相关媒体上进行大力宣传推广，让更多的读者了解和喜爱《上海滩》丛书。至于后面两本书的宣传推广计划，他们也已经在心中酝酿了。

听到这些好消息，我们《上海滩》杂志的同仁都感到十分欣慰，非常振奋。大家都说一定要感谢上海大学出版社的领导和编辑及其他相关人员为《上海滩》丛书出版所作的努力，并要我为他们点个赞！

葛昆元　《上海滩》杂志原执行副主编